Kostenlose Online-Spiele Entdecken

Hier Erhältlich:

BestActivityBooks.com/FREEGAMES

5 TIPPS FÜR DEN ANFANG!

1) LÖSUNG DER RÄTSEL

Die Puzzles haben ein klassisches Format :

- Die Wörter sind ohne Abstand, Bindetrich usw… versteckt
- Richtung : vor-& rückwärts, auf & ab oder in der Diagonale (beider Richtungen)
- Die Wörter können übereinanderliegen oder sich kreuzen

2) AKTIVES LERNEN

Neben jedem Wort ist ein Abstand vorgesehen zum Aufschreiben der Übersetzung. Um ihre Kenntnisse zu überprüfen und zu erweitern befindet sich am Ende des Buches ein **WÖRTERBUCH**. Suchen sie die Übersetzungen, schreiben sie sie auf, dann können sie sie in den. Puzzles suchen und ihrem Wortschatz hinzufügen.

3) ANZEICHNUNG DER WÖRTER

Haben sie schon einmal versucht eine Anzeichnung zu verwenden? Sie könnten zum Beispiel die Wörter, die schwer zu finden sind, ankreuzen, die Wörter, die sie lieben, mit einem Stern, neue Wörter mit einem Dreieck, seltene Wörter mit einem Diamant usw … anzeichnen

4) IHR LERNEN ORGANISIEREN

Am Ende dieser Ausgabe bieten wir auch ein praktisches **NOTIZBUCH** an. Ob im Urlaub, auf Reisen oder zu Hause, sie können ihr neues Wissen ganz einfach organisieren, ohne ein zweites Notizbuch zu benötigen!

5) SIND SIE AM SCHLUSS ?

Gehen sie zum Bonusbereich : **MONSTER-HERAUSFÖRDERUNG,** um ein kostenloses Spiel zu finden, das am Ende dieser Ausgabe angeboten wird !

Lust auf mehr Spaß und **Lernaktivitäten? Schnell und einfach :** eine ganze Spielbuchsammlung mit einem einzigen Klick erhaltbar :

Mit diesem Link finden sie ihre nächste Herausforderung :

BestActivityBooks.com/MeineNachsteWortsuche

Achtung, fertig, ... Los !!

Wussten sie, dass es auf der Welt ungefähr 7.000 verschiedene Sprachen gibt ? Wörter sind kostbar.

Wie lieben Sprachen und haben schwer daran gearbeitet, die Bücher von höchster Qualität für sie zu entwerfen. Unsere Zutaten ?

Eine Auswahl von angepassten Lernthemen, drei große Scheiben Spaß, dann fügen wir einen Löffel schwieriger Wörter und eine Prise seltener Wörter hinzu. Wir servieren sie mit Sorgfalt und ein Maximum an Freude, damit sie die besten Wortspiele lösen und Spaß am Lernen haben.

Ihre Meinung ist wichtig. Sie können aktiv zum Erfolg dieses Buches beitragen, indem sie uns eine Bemerkung hinterlassen. Sagen sie uns, was ihnen an dieser Ausgabe am besten gefallen hat !!

Hier ist ein kurzer Link, der sie zu ihrer Bewertungsseite führt

BestBooksActivity.com/Rezension50

Vielen Dank für ihre Hilfe und viel Spaß

Linguas Classics

1 - Ozean

ط	غ	ظ	إ	ا	س	ر	ط	ا	ن	ئ	ص	ض	ذ
ظ	ى	خ	س	ل	ح	ف	ا	ة	ص	م	ل	ح	ن
ر	ز	أ	ف	ط	ع	خ	ل	ض	ظ	ن	ح	و	ت
ج	ا	خ	ن	ح	ا	ل	م	ر	ج	ا	ن	ا	ظ
خ	م	ط	ج	ا	ص	أ	د	و	ل	ف	ي	ن	ر
ب	ل	ب	ش	ل	ف	م	و	ض	س	ت	ى	ح	ى
ى	ؤ	و	ر	ب	ة	و	ا	ف	ث	ق	ت	ط	ز
ع	إ	ط	س	ي	ا	ا	ل	ع	ع	ف	ر	د	س
ذ	س	ك	خ	ص	ت	ج	ج	ق	ب	ي	ف	ش	م
ق	ا	ر	ب	ت	ش	س	ز	ر	ا	ث	ظ	آ	ئ
ؤ	ع	ى	خ	و	و	ئ	ر	م	ن	ت	ظ	ف	ى
ك	ى	ح	ق	ن	د	ي	ل	ا	ل	ب	ح	ر	ض
ط	ؤ	ف	ح	ة	آ	ى	ع	ي	ب	ؤ	س	ش	ط
ة	ض	س	م	ك	ئ	ن	ع	ح	ذ	ئ	س	ح	ت

سرطان
أخطبوط
قنديل البحر
ملح
سلحفاة
إسفنج
عاصفة
تونة
حوت
أمواج

ثعبان
الطحالب
محار
قارب
دولفين
سمك
جمبري
المد والجزر
قرش
المرجان

2 - Schule #1

ذ	إ	ة	ى	و	ت	خ	ر	س	إ	خ	ح	س	ا
ا	ل	ك	ت	ب	ت	ض	ت	إ	ط	ى	د	ن	ل
ص	ي	ق	ل	ؤ	ا	ل	م	ج	ل	د	ا	ت	ا
ح	م	ك	ت	ب	ة	و	د	ق	ص	آ	ا	ت	م
ا	ك	ض	ذ	ج	ى	و	ر	ق	ل	ف	ل	ؤ	ت
ب	ت	ج	ؤ	ى	ذ	ا	س	ا	غ	م	ر	ع	ح
ي	ب	ظ	ل	ظ	ك	ئ	ا	ل	ز	آ	ي	ت	ا
أ	ق	ل	ا	م	ر	ج	ل	أ	غ	د	ا	ء	ن
د	م	ي	ل	د	س	ت	أ	ب	د	غ	ض	ح	ا
آ	ع	ت	أ	م	ي	س	ر	ج	ف	خ	ي	ى	ت
خ	ن	ع	ج	س	ر	ئ	ق	د	م	خ	ا	ك	ؤ
ح	ض	ل	و	ح	ث	ح	ا	ي	ع	ؤ	ت	ب	ج
ل	غ	م	ب	ر	غ	آ	م	ة	د	ظ	ر	ة	م
ل	د	ذ	ة	م	س	د	ظ	ع	ن	ض	ؤ	ت	س

غداء
المجلدات
ورق
الامتحانات
لغز
مكتب
مرح
أقلام
كرسي
الأرقام

الأبجدية
الأجوبة
مكتبة
قلم
الكتب
اصحاب
صف
مدرس
ليتعلم
الرياضيات

3 - Meditation

ق	ا	ش	ك	ك	ا	م	س	ت	ي	ق	ظ	إ	آ
ت	ن	ل	إ	ا	ل	ل	ط	ف	د	ط	ا	ح	ب
ع	ت	ي	ر	ز	م	م	ص	ي	ظ	س	ل	ض	ب
ا	ب	ت	آ	ف	ن	د	آ	م	آ	م	ل	ح	ن
ل	ا	ع	ل	د	ظ	ع	ق	ل	ت	و	ي	ا	د
ي	ه	ل	ه	د	و	ء	ع	ش	ط	س	ج	ض	م
م	س	م	ش	ك	ر	ب	ق	ط	ر	ي	ل	ق	ي
ح	ذ	ؤ	س	ع	ا	د	ة	و	ف	ق	ب	و	ل
ر	ي	ل	ز	ئ	ش	س	ب	ض	ع	ى	ب	ص	ق
ك	ط	ب	ب	ع	ع	آ	ة	و	ن	ظ	ة	ف	س
ة	و	ر	ئ	ة	د	آ	ك	ح	خ	ئ	ك	غ	ذ
و	أ	ف	ك	ا	ر	ط	ب	ي	ع	ة	ط	ف	ف
ع	ق	ل	ي	ى	ة	إ	د	غ	ف	ذ	ظ	ن	ث
ؤ	ر	ؤ	ي	ض	ي	ظ	ؤ	ب	ح	ف	ظ	ط	ب

قبول
انتباه
حركة
شكر
اللطف
سلام
أفكار
عقلي
سعادة
وضوح

تعاليم
ليتعلم
عطف
موسيقى
طبيعة
المنظور
هدوء
الصمت
عقل
مستيقظ

4 - Meisterschaft

ا	ع	ئ	ج	ع	آ	ح	ا	ص	ص	إ	ن	ب	ك
ل	ى	ى	ر	و	ث	غ	و	ل	س	ج	ص	ش	ز
ن	س	ش	أ	ح	ر	ض	ح	م	د	ر	ب	ع	ق
ه	ز	ن	ئ	ل	ر	ذ	ئ	ى	ف	و	ز	ض	د
ا	ح	ب	م	آ	ع	ف	ر	ي	ق	ج	ر	م	ث
ئ	ي	إ	س	ت	ر	ا	ت	ي	ج	ي	ة	ي	ذ
ي	ا	ؤ	ا	ئ	ق	ط	ب	ا	ط	ة	ط	د	ج
ص	ا	ظ	ب	ى	ب	ا	ل	ق	ا	ض	ي	ا	ا
ب	ع	ص	ق	خ	ط	ا	ل	أ	د	ا	ء	ل	ف
ى	ز	ن	ة	ظ	و	ا	ج	ؤ	ش	ح	ض	ي	ا
ك	و	ض	ب	ف	ل	ش	ب	د	ح	ت	ق	ة	ة
ب	غ	ل	غ	ا	ة	ا	ل	د	ا	ف	ع	ض	ق
ئ	ط	ن	س	ع	ع	م	ك	ا	ظ	غ	ق	ف	ا
ز	ز	ل	ة	ظ	ق	ش	ق	ر	ي	ا	ض	ا	ت

بطل
النهائي
الدوري
فريق
ميدالية
بطولة
الدافع
الأداء

القاضي
عرق
فوز
ألعاب
رياضات
إستراتيجية
مدرب
مسابقة

5 - Insekten

ا	ك	ك	ن	ل	ي	س	ع	خ	ر	ت	خ	ا	ق
ل	ل	ق	ي	ش	ش	ش	ق	ش	ص	ش	آ	ئ	ض
ب	ج	خ	ا	ا	ل	ي	ع	س	و	ب	د	ؤ	ى
ع	ث	ة	ن	ل	ش	ر	د	ح	آ	ا	خ	ا	ج
و	ل	ع	ر	ف	م	ت	ب	ي	و	ل	ن	ع	آ
ض	ب	ف	ن	ر	س	ن	و	ص	ى	ز	ف	ج	د
ى	ص	ى	م	س	آ	ا	ر	ص	ف	ي	س	خ	ا
ض	أ	س	ل	ا	ب	ز	ء	د	ر	ز	ا	ص	ل
ي	ر	ق	ة	ل	د	ن	ذ	و	ا	ص	ء	خ	د
ح	ض	ئ	ؤ	ن	ج	ط	ح	د	ش	ج	و	ظ	ب
د	ة	غ	إ	ب	ن	ي	ر	ة	ة	ض	ا	ر	و
ن	ح	ل	ة	ي	د	ر	ص	ق	ئ	ئ	ل	ى	ر
ة	ر	ق	ذ	م	ب	ي	ئ	ف	إ	و	خ	ظ	ق
ب	ض	س	ح	و	ن	ب	س	ب	ر	غ	و	ث	ئ

نملة
نحلة
المن
برغوث
فرس النبي
جندب
الدبور
صرصور
خنفساء
يرقة

اليعسوب
الخنفساء
عثة
البعوض
فراشة
أرضة
دبور
دودة
الزيز

6 - Dinosaurier

ض	ل	ؤ	و	ذ	ئ	ص	ف	ظ	ف	ع	ش	ى	ذ
ق	خ	م	ع	ن	ى	ظ	ج	أ	ج	ش	ي	ب	ا
ب	آ	م	ي	ن	ث	ى	ى	ر	د	ت	ذ	ك	م
ل	ر	ذ	ت	ز	ذ	ي	ل	ض	ا	ز	و	ب	د
ا	ق	ر	ا	ب	ت	و	ر	ب	ز	ط	ك	ي	ز
ل	و	ا	ل	ح	ف	ر	ي	ا	ت	ط	و	ر	ك
ت	ي	ن	ل	ا	ا	ش	ؤ	ع	ز	ف	د	ط	ي
ا	ب	ب	ؤ	م	ل	ك	ق	ص	إ	ر	ف	ط	ظ
ر	م	ح	ع	ث	ا	ز	و	ح	ش	ي	ؤ	ض	ئ
ي	ؤ	ج	ص	ش	ب	م	و	ة	ل	س	ى	ص	إ
خ	س	م	ا	ل	أ	ن	و	ا	ع	ة	ث	إ	إ
و	ب	س	ئ	ف	ع	ع	ص	ث	ح	ع	ض	م	ع
آ	ك	ل	ة	ا	ل	ل	ح	و	م	ف	ف	خ	ي
أ	ج	ن	ح	ة	ا	خ	ت	ف	ا	ء	ف	ج	غ

آكلة اللحوم
الأنواع
فريسة
وحشي
ضخم
أرض
تطور
أجنحة
الحفريات

كبير
بحجم
قوي
الماموث
قبل التاريخ
رابتور
الزواحف
ذيل
اختفاء

7 - Obst

أ	ى	ظ	ب	ز	غ	ك	ع	ئ	ى	م	م	و	ز
ن	ب	ث	ي	ث	ق	ث	ن	ك	خ	ى	ش	ب	ش
ا	ع	ر	ش	ط	ك	ف	ب	ي	ر	ي	م	ل	و
ن	ث	ك	ق	ي	ر	ت	خ	و	ش	ك	ش	ا	ظ
ا	ض	ن	ن	و	ز	ج	ف	ي	ق	م	م	ك	ب
س	ع	ذ	ى	د	ق	ئ	و	ا	ش	ث	ا	ب	ر
ب	ب	ا	ب	ا	ي	ا	د	ز	ح	ر	م	ي	ت
ى	د	ف	ئ	ظ	ر	ع	ف	ك	ا	ى	ظ	ر	ق
ا	ل	ج	ر	ي	ب	ف	ر	و	ت	ل	ف	ي	ا
أ	ف	و	ك	ا	د	و	خ	و	خ	ل	ه	ت	ل
م	ك	ذ	ح	ا	ش	ش	ك	س	ث	ي	ط	ن	ي
ي	ث	ذ	ز	و	ض	غ	ز	ن	ى	م	ب	ت	د
ت	و	ت	ا	ل	ع	ل	ي	ق	ث	و	ح	ط	ة
ؤ	ب	ئ	ح	آ	ئ	ض	ي	ن	ن	ن	ة	ق	غ

أناناس
تفاح
مشمش
أفوكادو
موز
بيري
كمثرى
بلاك بيري
الجريب فروت
توت العليق

كرز
كيوي
جوز الهند
شمام
برتقالي
بابايا
خوخ
برقوق
عنب
ليمون

8 - Schule #2

و	أ	غ	ل	ث	ح	ا	ع	ؤ	غ	ا	إ	س	ة
م	ل	ق	ذ	و	ق	ل	م	ط	م	ل	ت	ش	ض
ص	ع	ض	ى	ف	ي	ت	س	ن	و	ح	و	ق	ص
م	ا	ا	آ	ذ	ب	ع	ح	ذ	خ	ا	ى	ك	ط
م	ب	غ	ئ	ي	ة	ل	غ	ت	ف	س	أ	د	ب
ح	ق	ظ	ف	ة	ظ	م	ئ	ق	ك	و	ط	ذ	ح
ا	و	و	م	ش	ه	م	د	ر	س	ب	ف	ق	ا
ة	ل	غ	ا	ر	ر	ؤ	ث	ا	إ	ت	ف	ا	ف
د	ق	ك	و	ع	ت	د	ا	ء	ى	د	م	م	ل
ط	ج	ش	ت	ح	د	ع	ط	ة	م	خ	ق	و	ة
ث	ن	ة	ج	ب	ش	ل	ل	و	ر	ق	ص	س	إ
م	ك	ت	ب	ة	ظ	م	ح	ي	ت	ق	و	ي	م
ل	أ	ق	ل	ا	م	ل	ك	ف	م	س	س	ب	ج
ف	ذ	ة	إ	م	ئ	ة	ق	م	ة	ف	ق	ق	ج

مكتبة
تعليم
قلم
حافلة
الكتب
الحاسوب
قواعد
تقويم
مدرس
التعلم

قراءة
أدب
ورق
ممحاة
حقيبة ظهر
مقص
ألعاب
أقلام
علم
قاموس

9 - Spielzeuge

ى	ق	ا	ر	ب	د	د	ا	ل	ح	ر	ف	ط	ط
ل	ظ	ض	ؤ	ئ	م	ر	ظ	ؤ	غ	ل	ج	ا	غ
ق	غ	ي	ج	ب	ف	ا	ث	ؤ	ا	أ	ض	ئ	ض
و	ذ	ز	ي	ر	ب	ج	ي	ق	ص	ل	د	ر	ا
ش	ط	ر	ن	ج	د	ة	ط	غ	ع	ع	ك	ة	ل
ا	ي	و	ت	ع	غ	م	ش	ب	ئ	ا	ر	ت	ط
ح	ن	ب	ذ	ك	ن	خ	ي	ا	ل	ب	ة	غ	ب
ن	ك	و	ب	ص	آ	ح	ط	ة	س	ن	ط	غ	و
ة	ط	ت	م	ب	د	ت	و	ق	ت	ش	د	ح	ل
ي	ي	ش	ف	ط	ا	ئ	ر	ة	و	ر	ق	ي	ة
ت	ز	ة	ض	ش	ع	ج	ا	ش	ح	ض	آ	ز	ة
آ	و	ث	ل	ل	آ	د	ى	ن	ص	ك	ط	ع	ر
ي	ب	ئ	ش	غ	د	ل	س	ي	ا	ر	ة	ك	ل
غ	ئ	ش	آ	ق	ط	ا	ر	ف	ن	ة	ئ	ئ	س

سيارة
كرة
قارب
الكتب
طائرة ورقية
دراجة
مفضل
طائرة
الحرف
شاحنة

خيال
دمية
لغز
روبوت
شطرنج
الطبول
ألعاب
طين
قطار

10 - Komödie

ت	ت	ل	ف	ز	ي	و	ن	ط	ع	ؤ	ك	ا	غ
ف	خ	ة	ك	ق	غ	ح	ح	ض	ن	ض	س	ل	غ
م	ت	خ	ا	م	م	ث	ل	ة	م	س	ن	ن	ئ
آ	ل	ث	ه	ض	ر	و	ر	ز	ب	ع	ة	و	ج
غ	و	س	ة	ح	ة	ح	ى	إ	و	ي	ب	ع	ت
آ	ؤ	ص	ة	ك	ا	ل	ن	ك	ا	ت	ث	ر	م
م	ح	ا	ك	ا	ة	س	ا	خ	ر	ة	ث	ى	ة
ن	ة	ل	ح	ل	ل	ف	ي	ة	ط	ث	ث	ي	ث
ة	ذ	م	ر	ا	ؤ	م	ا	ة	غ	ي	ك	م	ك
ئ	ع	ه	آ	ر	ش	ك	م	ي	ف	ح	س	ب	ؤ
ق	م	ر	ى	ت	ز	ص	د	ث	ن	ر	ؤ	خ	ئ
ث	ع	ج	ح	ج	ب	ذ	ك	ي	ل	ن	ر	ى	خ
ش	ل	ي	ئ	ا	ض	ح	ك	ت	ص	ف	ي	ق	س
ض	ذ	ن	ا	ل	ج	م	ه	و	ر	م	س	ر	ح

ضحك
محاكاة ساخرة
الجمهور
الممثل
ممثلة
مرح
مسرح
النكات

تصفيق
معبرة
المهرجين
تلفزيون
النوع
فكاهة
الارتجال
ذكي
مضحك

11 - Camping

ت	ق	ل	ؤ	ظ	ل	ر	ح	ن	ل	آ	ؤ	ص	ا
ق	ق	ر	ض	ذ	ذ	ط	ب	ي	ع	ة	س	ن	ل
ب	ز	و	د	ج	ج	ق	ل	ك	ج	م	ت	ؤ	ح
ر	ف	ب	ع	و	ب	ف	ا	ن	و	س	ص	ط	ي
ى	ط	و	أ	ن	ظ	ج	خ	ر	ي	ط	ة	ا	و
ن	ث	ص	ر	ح	ل	ج	ب	ح	ي	ر	ة	ل	ا
ش	ظ	ل	ج	م	ي	ع	خ	ل	ح	ش	ض	ز	ن
ئ	ض	ة	و	غ	خ	ا	خ	إ	ث	ل	ا	و	ا
غ	ؤ	ى	ح	ا	ي	ا	ت	ق	م	ر	ث	ر	ت
ج	ا	ف	ة	م	م	ر	ح	ح	ب	غ	س	ق	ظ
ع	ح	ب	ة	ر	ة	ن	ة	ر	ق	ع	غ	س	ث
ن	ع	ة	ة	ة	ن	ا	ل	ص	ي	د	ة	ز	غ
ظ	ئ	ح	آ	ا	ز	ر	ج	ؤ	ي	ث	ف	ي	ض
ا	ل	م	ق	ص	و	ر	ة	ح	ش	ر	ة	ل	ة

مغامرة
جبل
نار
أرجوحة
قبعة
حشرة
الصيد
المقصورة
الزورق
خريطة

بوصلة
فانوس
قمر
طبيعة
بحيرة
حبل
مرح
الحيوانات
غابة
خيمة

12 - Zeit

ن	و	ن	آ	ي	ا	ل	ل	ي	ل	س	د	إ	خ
م	ى	ق	ق	ن	ز	ى	ؤ	ز	ز	ن	ق	ئ	ذ
ث	ر	ب	ت	إ	ي	ع	ب	ث	ب	و	ي	ص	ح
ح	ق	ع	ل	ا	ق	ب	ل	ل	خ	ي	ق	ة	ئ
س	ح	د	ت	ل	ل	ز	ؤ	إ	ت	ف	ة	ل	و
أ	س	ب	و	ع	ى	ظ	م	ا	ئ	ق	ف	ض	ع
م	س	ن	ة	ق	ن	ن	ه	ل	م	خ	و	ب	ل
س	د	ص	ت	د	ق	ب	د	ي	ؤ	ض	ب	ي	ا
ش	ص	ب	ا	ح	غ	ر	ط	و	ر	ر	ش	و	م
ه	ئ	ظ	ل	ب	س	ن	ن	م	ص	ة	و	م	س
ر	ظ	ظ	آ	ب	ب	ض	خ	س	ذ	ر	ل	ب	ت
ط	ى	ن	ن	ص	ن	إ	ن	و	ح	ط	ق	ك	ق
ئ	ب	س	ا	ع	ة	ف	ت	ح	م	ت	غ	ر	ب
ق	ك	ي	ئ	إ	ق	ب	ث	ك	ج	ل	ل	ا	ل

مبكرا
أمس
اليوم
سنة
قرن
العقد
سنوي
الآن
تقويم
دقيقة

وقت الظهيرة
شهر
صباح
بعد
الليل
ساعة
يوم
قبل
أسبوع
مستقبل

13 - Säugetiere

ي	آ	ق	ا	س	س	ظ	ل	ة	ف	ى	ث	ى	ك
ز	ت	ك	ل	ب	ي	ز	ذ	ر	ص	ث	ز	ح	ع
ظ	ر	ح	إ	ظ	ق	ع	ب	ة	ط	و	خ	ة	ظ
ذ	ئ	ا	م	ح	ز	إ	ج	غ	و	ر	ي	ل	ا
ع	ر	ح	ف	ل	ق	ق	ر	د	ؤ	ك	د	ذ	ظ
ث	ح	آ	و	ة	ض	ع	ذ	ب	ظ	ل	ل	ئ	ا
ش	س	ي	ك	ا	إ	ل	غ	س	ط	ح	إ	ب	م
ذ	ض	ن	س	ذ	ث	ث	ا	إ	إ	ح	ص	ا	ن
أ	ذ	ح	ص	ئ	ن	م	ر	ا	ى	و	ع	ل	ي
س	م	و	ر	ب	ا	ل	ف	ي	ل	ت	و	ب	ذ
د	ح	م	ا	ر	و	ح	ش	ي	ك	ن	غ	ر	ك
خ	ر	و	ف	ع	ئ	ع	ص	غ	ف	ئ	م	ا	ئ
د	ص	ن	ج	ف	ق	ت	ى	ة	ع	ا	ث	ر	ج
ذ	ث	ق	ق	ف	ج	ش	ي	س	ج	غ	إ	ي	آ

أسد
النمر
حصان
جرذ
خروف
ثور
نمر
حوت
ذئب
حمار وحشي

قرد
يتحمل
سمور
الفيل
فوكس
زرافة
غوريلا
كلب
كنغر
ذئب البراري

14 - Astronomie

ط	ئ	ئ	أ	ك	ن	ظ	ش	ف	ث	ا	ز	ط	ر
ؤ	آ	ف	ر	و	و	د	م	و	ل	و	إ	إ	د
ت	ض	ت	ض	ن	ا	ك	س	ف	ل	ك	ق	ل	ي
و	ذ	د	ة	آ	ض	ق	ب	ب	ج	إ	ي	ا	ق
غ	ظ	ش	ا	ل	ن	ج	م	ة	ق	م	ر	ع	ا
ع	ن	ب	ك	ث	س	ي	ا	ف	ب	آ	و	ص	غ
ا	ل	ك	و	ي	ك	ب	ز	س	س	م	ذ	ن	ب
ل	ض	و	ة	ح	ظ	س	خ	ك	ن	ق	ص	ا	ا
م	آ	ك	ى	ث	ش	د	ص	ى	م	ر	ص	د	ط
ا	ل	ب	ر	و	ج	ي	ن	ى	ذ	ا	ا	ل	ف
ة	ط	إ	آ	ك	و	م	ز	د	إ	ب	ر	ز	ز
س	و	ب	ر	ن	و	ف	ا	ب	إ	ث	و	ز	ج
س	م	ا	ء	خ	خ	ك	و	آ	ك	ع	خ	ض	و
ش	ض	ب	ض	و	ر	ا	ئ	د	ف	ض	ا	ء	د

الكويكب
رائد فضاء
فلكي
أرض
سماء
مذنب
كوكبة
عالم
نيزك
قمر

سديم
مرصد
كوكب
صاروخ
شمس
نجم
سوبرنوفا
مقراب
البروج
كون

15 - Ballett

و	خ	ا	ف	ا	ذ	و	س	ب	م	آ	ج	ج	أ
ح	غ	ل	ا	ث	ل	س	ض	غ	ر	غ	م	ؤ	و
ج	ش	ب	ئ	ب	ف	ج	ل	ن	ن	و	ن	ش	ر
ق	م	ر	ع	م	ت	ج	م	ظ	ض	م	ف	د	ك
ة	ف	ؤ	م	ت	ة	ا	ل	ه	ط	ا	ر	ة	س
ي	ي	ئ	ه	ص	ط	ط	ح	ي	و	س	د	ص	ت
م	ح	ظ	ا	ف	ظ	آ	ن	ا	ت	ر	ا	س	ر
ع	و	ك	ر	ي	ي	ل	د	ل	م	ك	د	ل	ا
ب	ذ	س	ة	ق	د	ب	خ	ر	آ	ف	ز	ع	ر
ر	ظ	إ	ي	ق	ا	ع	ئ	ا	ف	ب	آ	ض	ر
ة	ع	ض	ي	ق	ظ	ث	إ	ق	ن	م	ط	ل	ؤ
ش	و	ح	ئ	ذ	ى	ر	ج	ص	ي	ص	آ	ا	ل
ا	ل	ك	و	ر	ي	غ	ر	ا	ف	ي	ا	ت	ض
ع	ة	ض	ق	ز	ك	آ	ز	ت	ق	ن	ي	ة	ي

تصفيق
معبرة
الكوريغرافيا
مهارة
لفتة
شدة
ملحن
فني
موسيقى
عضلات
أوركسترا
بروفة
الجمهور
إيقاع
منفردا
نمط
الراقصات
تقنية

16 - Strand

ح	د	إ	خ	ل	م	ن	ش	ف	ة	س	ئ	ص	ر
س	م	ص	و	ل	ر	م	س	ج	ف	ك	ث	ن	ص
ش	ا	ؤ	ك	س	ك	إ	ي	غ	ط	ك	ى	ا	ي
ج	م	خ	و	ب	ب	ز	ح	إ	ل	ت	غ	د	ف
س	ز	س	س	ا	ش	ص	ص	ث	ط	م	ظ	ل	ة
ب	ر	ي	ش	ح	ر	ن	ى	ج	غ	ح	ث	ا	ن
د	غ	ط	ر	ة	ا	ى	آ	ل	س	ي	ت	ج	ز
ق	غ	ر	ا	ة	ع	ط	ل	ة	ق	ط	ر	و	ي
ح	ا	ز	ظ	ن	ي	ك	ح	ا	ث	ي	م	ن	ب
ث	ط	ى	ى	ي	د	إ	م	آ	ص	ج	ل	آ	ح
أ	ز	ر	ق	ا	ر	ب	غ	ى	ف	ر	ة	ث	ر
ن	ق	ا	ئ	ا	ص	ظ	ز	ى	س	ا	ح	ل	ذ
ا	ي	ح	ذ	ي	ز	ث	ظ	آ	ل	ل	غ	ح	خ
ج	إ	ج	م	غ	ط	آ	س	إ	ك	ا	ق	ط	ط

أزرق
قارب
رصيف
منشفة
جزيرة
سرطان
ساحل
لاجون
بحر

محيط
مظلة
رمل
صنادل
للسباحة
مركب شراعي
شمس
عطلة

17 - Restaurant #1

م	ن	د	ي	ل	ا	ل	م	ح	ث	ش	ن	إ	ة
د	ؤ	ذ	خ	ل	ؤ	ا	غ	آ	ي	ع	ا	ض	ر
ن	ة	ح	ط	ى	ر	ن	ق	ي	ض	إ	د	ا	ص
ق	ا	ئ	م	ة	ى	ئ	ف	ح	آ	ص	ل	ص	ة
ج	ج	ك	ط	و	ض	ق	ط	ج	ج	ص	ة	ط	ب
غ	م	إ	ب	ت	ت	ظ	ه	ز	ع	ر	ى	ا	غ
ح	ا	ر	خ	د	ج	ا	ج	و	ظ	ا	ل	م	ض
ط	ب	ق	و	إ	م	ف	إ	ع	ة	ف	ث	ح	ا
ض	ع	ح	س	ا	س	ي	ة	ا	ح	ث	ح	ر	م
ن	د	ا	ض	خ	ب	ز	ح	ء	ل	ج	ت	ك	و
ن	ر	ج	م	ؤ	س	ا	ج	ش	و	س	د	إ	ش
ق	ئ	ض	ا	ب	ص	ب	خ	ض	ى	ن	ئ	ض	ض
ك	ت	غ	ن	م	ز	آ	خ	ز	م	د	إ	ت	ئ
س	ك	ي	ن	ي	م	ؤ	ع	ق	ظ	ف	ى	ز	ب

مطبخ
قائمة
سكين
حجز
وعاء
منديل
صلصة
طبق
حار

حساسية
خبز
حلوى
طعام
لحم
دجاج
قهوة
صراف
نادلة

18 - Geologie

ن	ن	و	آ	ش	ل	ا	ق	م	س	خ	ا	ن	ئ
ح	ف	ر	ي	ة	ز	ل	ا	ز	ل	م	س	ز	ق
م	ن	ط	ق	ة	ط	ص	إ	د	ذ	ة	ل	ي	ا
ث	ح	خ	ئ	ث	م	و	ل	ت	ن	ل	ي	ح	ر
ث	ص	ى	س	ق	ن	ا	ؤ	ض	ف	ث	ط	ا	ة
آ	ة	ب	ؤ	ط	ذ	ع	س	ه	ض	ب	ة	ل	ذ
ت	م	د	ر	ئ	ى	د	ع	إ	ة	ض	ل	ح	ش
آ	ك	و	ذ	ك	ك	م	ا	ا	ع	ي	ح	م	ض
ك	ه	ر	غ	د	ا	ل	ك	ل	س	ي	و	م	ط
ل	ف	ا	ب	ل	ظ	ن	ؤ	م	م	ئ	غ	ر	ق
ث	ط	ت	ر	ؤ	ى	ق	ج	ر	ع	ع	غ	و	آ
ة	ب	ي	ف	ك	ر	و	ح	ج	ر	ط	ا	آ	ن
ل	ا	ز	ظ	ف	خ	ج	ك	ا	د	ب	ى	د	س
ا	ع	ئ	ث	ز	ا	ل	و	ن	ا	آ	ع	ة	ن

الكلسيوم

19 - Wissenschaft

ن	ب	ا	ت	ا	ت	ت	إ	ئ	إ	ا	ب	ح	ص
ت	ي	ل	ت	ل	د	ز	ط	ئ	ح	ل	آ	غ	ة
ج	ط	ف	ا	ف	ح	ظ	ط	و	ف	ب	ح	ر	ل
ر	ج	ي	ز	ل	س	ل	ى	ط	ر	ي	ق	ة	ج
ب	ي	ز	ن	ك	ج	ذ	غ	ؤ	ي	ا	ي	ز	ا
ة	ة	ي	ي	ن	ؤ	س	و	ط	ة	ن	ق	ط	ذ
ر	ق	ا	ض	ئ	ل	م	ي	ى	غ	ا	ة	ض	ب
ت	ب	ء	إ	د	ا	ن	ج	م	خ	ت	ب	ر	ي
ط	ب	ي	ع	ة	ص	ت	م	ف	ا	ر	ة	س	ة
ا	ل	م	ع	ا	د	ن	ن	ر	ق	ت	ف	ر	م
خ	ة	ع	ا	ذ	د	س	ا	ض	ل	و	ذ	ر	ة
ؤ	ص	خ	ل	ز	س	ج	خ	ي	ك	ى	ش	س	ة
ط	ا	ق	م	ة	ف	غ	ط	ة	ؤ	م	ر	ل	م
ث	ج	ت	م	ز	ذ	ص	ك	ي	ك	د	ؤ	د	ف

ذرة
البيانات
تطور
تجربة
حفرية
فرضية
مناخ
مختبر
طريقة

المعادن
جزيئات
طبيعة
الجسيمات
نباتات
الفيزياء
جاذبية
حقيقة
عالم

20 - Bildende Kunst

ا	ل	ل	و	ح	ة	ق	س	ه	ط	ئ	ع	ط	ض
م	خ	و	ر	ظ	و	ق	ص	ن	ز	ي	ا	ب	آ
ص	غ	ى	ن	س	ي	ت	ظ	د	ا	ظ	ن	ا	آ
ن	ئ	ق	ي	ر	ت	ك	ج	س	ل	ص	ز	ش	د
د	غ	ج	ش	ص	ك	ر	ف	ة	إ	ر	ت	ي	ا
ا	ل	ن	ح	ت	و	إ	ط	م	ب	ة	ة	ر	د
ذ	ي	خ	ك	ح	ي	ر	ى	ع	د	س	ث	ش	ك
س	ب	ؤ	ع	ف	ن	ط	ة	م	ا	ث	ذ	ت	خ
م	خ	آ	ؤ	ة	ر	م	ا	ا	ع	ف	ح	م	ر
ة	ح	ط	م	ؤ	ز	ل	ك	ر	ق	ي	آ	ي	م
ى	ئ	إ	ص	ص	إ	ي	ت	ي	ب	ل	ج	ح	ز
ل	ا	ل	ش	م	ع	ف	ذ	ة	آ	م	م	ا	ق
ف	ن	ا	ن	د	ك	ى	ؤ	إ	د	ة	ظ	م	د
إ	ف	ج	ح	د	م	ن	ظ	و	ر	ش	ت	ل	ة

هندسة معمارية
فيلم
اللوحة
فحم
الإبداع
طباشير
فنان
ورنيش
تحفة

منظور
صورة
النحت
حامل
قلم
طين
الشمع
تكوين

21 - Sport

ب	ب	إ	ل	ع	ب	ه	ج	ج	م	د	ر	ب	ذ
ذ	غ	ل	ل	د	ل	ط	ح	ى	و	ى	م	ي	ب
ث	ث	ص	س	ب	ي	س	ب	و	ل	ل	س	ئ	ز
ش	ذ	ر	ب	س	س	إ	ل	ا	ع	ب	ف	ك	ا
ذ	س	د	ا	ي	ر	ي	ا	ض	ي	ى	س	ش	ط
ج	ر	ص	ح	ك	م	ك	ر	ة	ا	ل	س	ل	ة
ت	ج	ح	ة	ب	ق	ب	ك	ظ	ي	ج	ذ	ة	ن
ض	ل	ض	إ	ق	ف	ي	ق	آ	ز	ل	ض	س	ذ
ا	م	ج	ك	ج	ط	ش	ا	ب	ت	ع	غ	ي	ى
إ	ل	ر	ي	ا	ض	ة	ب	د	ن	ي	ة	آ	ن
ل	ر	ف	ى	ظ	د	ح	و	ر	س	ف	ح	ة	ت
ج	ص	ي	ا	ن	ي	د	ش	ا	ئ	ظ	ر	ؤ	ف
م	ل	ع	ب	ئ	ي	غ	ى	ج	ه	و	ك	ي	غ
ب	ط	و	ل	ة	ز	إ	ب	ة	ز	ذ	ة	ي	ق

فريق
بطولة
حكم
للسباحة
لعبه
لاعب
ملعب
تنس
مدرب

رياضي
بيسبول
كرة السلة
حركة
هوكي
دراجة
الفائز
جولف
رياضة بدنية

22 - Mythologie

ز	ش	أ	س	ط	و	ر	ة	ق	ث	آ	ث	م	ا
ة	ز	غ	ض	ل	ش	ض	ا	و	د	ى	ق	ن	ل
ئ	إ	ع	ث	ؤ	و	ث	ج	ة	ج	ف	ا	ز	س
م	ح	ا	ر	ب	ر	ك	ز	آ	ب	ز	ف	ؤ	م
م	س	ب	ط	ل	ج	ي	غ	ط	ص	م	ة	ش	ا
ك	خ	خ	ئ	ب	ر	ق	ؤ	ك	ا	ر	ث	ة	ء
آ	ى	ل	ا	ل	غ	ي	ر	ة	ن	ع	خ	ل	ق
ك	ص	ل	و	ز	خ	ش	ى	خ	ت	د	ل	خ	ص
م	م	ي	ت	ق	ل	ع	ة	ك	ق	ب	ط	ل	ة
ل	ع	ج	ث	ح	و	ف	ط	م	ا	س	ح	ر	ي
ة	ز	ت	ظ	ؤ	د	ض	ع	ت	م	ك	ض	ن	ط
ن	ظ	ئ	ي	ث	إ	ط	ي	ا	ى	ص	آ	ة	ف
ة	ش	ب	ت	غ	ح	غ	ر	ه	ك	ث	ح	ز	ف
ص	د	ي	ق	و	ص	ت	ل	ة	ك	ئ	ؤ	ط	ج

برق
رعد
الغيرة
بطل
بطلة
السماء
كارثة
خلق
مخلوق
محارب

ثقافة
متاهة
أسطورة
سحري
مسخ
انتقام
قوة
مميت
خلود
سلوك

23 - Restaurant #2

ج	ح	ف	و	غ	ض	د	ق	ن	و	ض	ز	ر	ا
غ	ل	غ	د	ا	ء	م	ل	ع	ق	ة	ى	س	ل
س	خ	ي	ي	ل	ج	س	ع	ح	س	ا	ء	ج	ن
ل	ز	ل	د	م	ل	ح	ة	ط	و	د	ا	ى	ا
ط	ئ	خ	آ	ع	ش	ا	ء	ت	و	ا	ب	ل	د
ة	ى	م	ض	ك	ى	ن	ش	ك	ي	ك	ث	ي	ل
ز	ث	م	ش	ر	و	ب	ل	ذ	ي	ذ	ر	ى	ض
ك	ط	ا	و	و	و	ك	و	ح	و	م	ق	ا	ث
آ	ن	ء	ك	ن	ف	ا	ك	ه	ة	ق	ج	ط	ى
ن	ب	م	ة	ة	ى	ل	ت	ك	ر	س	ي	ش	ظ
إ	ز	ت	ج	آ	د	ل	آ	ض	ط	ع	خ	خ	ؤ
ى	ئ	ى	ز	و	ظ	إ	س	ن	ى	ؤ	ز	إ	ا
ث	و	ة	ق	غ	س	ي	م	ب	ر	م	آ	ف	آ
ذ	ض	ا	ظ	ض	ع	إ	ك	خ	ش	ض	م	ئ	و

عشاء
بيض
جليد
سمك
فاكهة
شوكة
خضروات
مشروب
توابل
النادل

لذيذ
كيك
ملعقة
غداء
المعكرونة
سلطة
ملح
كرسي
حساء
ماء

24 - Ökologie

ا	ا	ل	ح	ي	و	ا	ن	ا	ت	ن	و	ع	م
ل	ل	س	خ	ظ	ح	ل	ج	ب	ج	ح	ت	ع	ج
أ	ظ	ج	ف	ا	ف	ن	ا	ق	ا	م	ض	آ	ت
ن	ب	ت	ب	ت	س	ب	ة	ئ	ق	ت	ط	آ	م
و	و	ز	ر	ا	ق	ا	ي	ا	ج	ئ	ا	م	ع
ا	ع	ح	س	ل	ل	ت	ط	ب	ي	ع	ة	ت	ا
ع	ا	م	ض	م	ن	ي	ا	ل	م	و	ئ	ل	ت
ط	ل	ل	ز	ت	ؤ	ة	ز	ا	ا	ه	و	ا	ر
ص	م	ب	م	ط	م	ح	ح	ل	ب	ئ	خ	د	ر
ؤ	ي	آ	و	و	ن	إ	ط	ب	ي	ع	ي	ت	ى
ك	ث	ذ	ط	ع	ا	ذ	ج	ح	ف	ن	ة	إ	ي
ق	خ	ر	ث	و	خ	ر	ث	ر	ض	غ	د	ى	ك
ة	ف	و	ة	ن	م	ج	د	ي	غ	ظ	ذ	ب	ص
م	س	ت	د	ا	م	ح	م	ة	ل	ي	ح	ت	ش

الأنواع
الجبال
جفاف
الحيوانات
النباتية
المتطوعون
مجتمعات
عالمي
مناخ
الموئل

البحرية
مستدام
طبيعة
طبيعي
نباتات
الموارد
اهوار
نجاة
نبت
تنوع

25 - Schokolade

غ	ي	ا	ظ	ا	ئ	ك	و	ا	ك	ا	ك	ل	ا
ر	م	ا	ع	ط	ل	ا	ل	و	ا	ن	ت	ل	آ
ي	إ	ة	ط	غ	ض	و	ح	ب	ع	ب	ح	ت	ؤ
ب	ش	و	ص	ج	ل	ف	ش	إ	د	ر	ح	ؤ	ش
ا	ط	م	ف	و	م	ظ	ف	ة	ف	ل	ل	ش	ت
ل	ا	ر	ظ	ز	ة	ة	ث	ي	ة	إ	و	ى	غ
ع	ئ	ب	ن	ا	ؤ	ا	ز	ل	ظ	ق	م	ئ	و
ن	ق	و	ئ	ل	ش	آ	م	ع	ن	ف	ذ	ف	ئ
ص	ص	م	غ	ه	ق	ا	ث	ض	ض	ش	م	ك	ظ
ر	ل	س	ل	ن	ق	ة	ن	ل	ا	ر	ر	ب	ش
ش	ذ	ح	ة	د	س	ك	أ	ل	ل	د	ا	ض	م
آ	ي	و	ر	ة	ه	ف	ق	ث	س	ة	د	و	ج
و	ذ	ق	ق	ة	ف	ة	خ	غ	ك	ة	ف	ص	و
و	ظ	ض	ل	ي	م	ا	ر	ك	ر	ز	ص	ة	ض

جوز الهند
لذيذ
مسحوق
جودة
وصفة
حلو
السكر
العنصر

مضاد للأكسدة
مر
لتناول الطعام
غريب
مفضل
نكهة
الحرفي
الكاكاو
كراميل

26 - Boote

س	ظ	ب	ت	ع	ف	ص	ت	ى	ع	ي	ن	م	ب
أ	ك	ط	و	ف	د	ز	ز	ط	و	خ	ط	ه	ح
م	م	ج	ق	ل	ص	إ	إ	ط	ا	ق	م	آ	ر
ع	ذ	و	س	ج	ظ	ع	إ	ن	م	ع	ع	ب	م
ح	ب	ل	ا	ل	ع	ب	ا	ر	ة	م	ة	ح	ف
خ	م	ا	ر	ج	م	غ	ت	و	ى	ر	ذ	ي	ك
إ	ة	ة	ي	و	م	ك	ق	غ	إ	ك	ي	ر	د
غ	م	ب	ة	ئ	ر	ح	ا	و	ق	ب	ا	ة	ا
ب	ح	ر	ي	ة	ص	ل	ر	ك	ظ	ش	ل	غ	ن
د	ظ	إ	ن	ة	ي	ي	ب	ك	ة	ر	ز	ل	ز
م	ر	س	ا	ة	ف	إ	ن	ا	ي	ا	و	ش	ض
ا	ز	إ	م	ح	ي	ط	ج	ي	ق	ع	ر	ل	و
ر	ذ	آ	ش	ب	خ	س	ا	ا	ق	ي	ق	ؤ	ة
ك	ح	د	ض	ض	ت	إ	ة	ك	خ	ئ	ئ	س	ش

بحر
محرك
بحري
محيط
قارب نجاة
بحيرة
مركب شراعي
حبل
أمواج
يخت

مرساة
عوامة
طاقم
رصيف
العبارة
طوف
نهر
كاياك
الزورق
سارية

27 - Stadt

ح	ى	س	ص	س	م	ش	إ	إ	و	ا	ا	ع	م
د	ض	و	ي	ي	ن	ز	غ	ز	ح	ع	ح	غ	ت
ي	م	ب	د	ن	س	ئ	ث	ح	ر	س	م	ر	ح
ق	ز	ر	ل	م	ق	ب	ع	ل	م	د	ع	ذ	ف
ة	ط	م	ي	ا	ز	ح	غ	ب	ر	ع	ر	ش	ة
ح	ش	ا	ة	ح	ه	ق	و	س	ط	ؤ	ض	ظ	د
ي	ك	ر	ن	ط	و	ؤ	ة	ب	غ	ط	ؤ	ص	ح
و	ى	ك	ئ	ى	ر	ا	ط	م	ع	ط	م	ص	ى
ا	ل	ت	ط	ش	د	ج	ل	إ	ع	ك	ض	غ	ث
ن	ع	ن	و	ل	ا	ص	ئ	ص	ت	ي	ظ	غ	م
ق	ي	إ	ة	م	ظ	ك	ن	ب	ق	د	ن	ف	م
خ	ا	ع	ع	خ	س	ب	ة	خ	آ	و	ا	ج	ع
ق	د	ة	ض	ب	ئ	ص	ك	إ	ي	ة	ط	ب	ج
ث	ة	ح	ك	ز	ذ	ؤ	ب	ظ	ظ	ظ	ص	ؤ	ج

سوق
متحف
مطعم
صالون
مدرسة
ملعب
سوبر ماركت
مسرح
جامعة
حديقة حيوان

صيدلية
بنك
مخبز
مكتبة
منسق زهور
مطار
معرض
فندق
سينما
عيادة

28 - Aktivitäten

م	ا	ض	م	ذ	ج	ا	ل	م	ص	ا	ل	ح	ؤ
ا	أ	ف	ت	ح	ت	ل	ص	ك	ع	ؤ	ى	ئ	د
س	ل	ن	ع	ر	ق	ح	ي	د	خ	ث	ا	و	س
ت	ع	ل	ة	ث	ز	ي	د	ل	ك	ا	إ	ب	ر
ر	ا	ب	و	م	ط	ا	ا	ل	ز	ل	ش	آ	ا
خ	ب	ؤ	ة	ح	ا	ك	ل	ب	ت	ر	إ	ذ	ل
ا	ت	ق	ض	ؤ	ة	ة	س	س	ا	ق	م	م	ت
ء	ش	م	ا	ن	ذ	ل	م	ت	ت	ص	و	ي	ر
ؤ	و	ه	ئ	ل	م	ت	ك	ن	ب	ص	خ	ظ	ف
ق	ر	ا	ء	ة	ص	خ	ئ	ة	ش	ذ	آ	خ	ي
س	ح	ر	ل	غ	و	ي	د	ص	ص	ا	ة	ي	ه
ض	ا	ة	ج	ت	ظ	ي	د	ح	ص	ر	ط	ا	ك
د	ج	ر	ل	ع	ص	م	ؤ	س	ة	ل	ج	ط	ي
خ	إ	م	ي	ى	ا	ل	ح	ر	ف	خ	ا	ة	ي

نشاط
صيد السمك
تخييم
استرخاء
مهارة
تصوير
الترفيه
بستنة
اللوحة
المصالح

الصيد
فن
الحرف
قراءة
سحر
خياطة
ألعاب
الحياكة
الرقص
متعة

29 - Bienen

ك	ؤ	ح	ة	د	ا	ل	ق	آ	ف	ث	ث	و	ت
د	ر	ؤ	ش	ض	ل	ق	إ	ح	ا	ل	ئ	ا	ر
خ	ي	ش	ك	و	م	ا	س	ش	ك	ط	ح	ل	ص
ب	ح	ح	ة	ف	و	ح	ر	خ	ه	ص	ض	ن	ل
ى	ة	ب	ك	ز	ئ	ض	ى	ح	ة	ؤ	خ	ظ	ط
ل	ذ	و	ح	ب	ل	ل	ا	ط	ث	ظ	إ	ا	خ
ش	ئ	د	م	ع	ت	ش	ل	ي	ذ	س	ذ	م	ل
م	إ	ش	ص	أ	ص	ق	م	ح	ش	ر	ة	ا	ي
ع	ك	ة	م	ع	ج	س	ل	د	ز	م	ذ	ل	ة
ك	س	غ	ل	س	خ	ن	ق	ي	ل	ل	ف	ب	ز
ع	ر	غ	ف	ل	غ	ت	ح	ق	ا	ك	ا	ي	ب
ن	ب	ا	ت	ا	ت	ن	ا	ة	ى	ة	ر	ئ	د
ز	ز	ه	ر	خ	ح	و	ت	د	خ	ا	ن	ي	ى
ت	ث	ؤ	ع	ف	ق	ع	ا	ل	ز	ه	و	ر	خ

الملقحات
خلية
الزهور
زهر
أجنحة
فاكهة
حديقة
عسل
حشرة
ملكة

الموئل
النظام البيئي
نباتات
لقاح
دخان
سرب
شمس
تنوع
مفيد
شمع

30 - Wissenschaftliche Disziplinen

ع	ا	ع	ل	م	ا	ل	ح	ر	ك	ة	ص	ع	ع
ل	ل	ل	ا	ج	ة	غ	ج	ز	ي	و	ؤ	ل	ل
م	س	م	ر	ي	ط	إ	ظ	ا	م	ص	ل	م	م
ا	ع	ا	ا	و	ل	س	ا	ن	ي	ا	ت	ا	ا
ل	ا	ل	ة	ل	ب	م	ة	خ	ا	إ	ب	ل	ل
ن	ث	آ	ن	و	م	و	ي	ط	ء	ة	إ	أ	ف
ب	آ	ث	ص	ج	ت	ع	ت	ك	ؤ	ى	د	ع	ل
ا	ر	ا	ج	ي	ص	إ	ا	ا	ا	ا	ب	ص	ك
ت	ة	ر	خ	ا	ك	ث	ى	د	ت	ن	ث	ا	ش
ا	ل	ف	ي	ز	ي	ا	ء	ظ	ن	ك	ي	ب	ئ
ع	ل	م	ا	ل	ا	ج	ت	م	ا	ع	ي	ك	ص
ت	ش	ر	ي	ح	س	ب	ي	و	ل	و	ج	ي	ا
ط	إ	ع	ل	م	ا	ل	ن	ف	س	ش	ث	ز	ة
ع	ع	ل	م	ا	ل	ب	ي	ئ	ة	ط	ح	غ	ر

تشريح
علم الأثار
علم الفلك
بيولوجيا
علم النبات
كيمياء
جيولوجيا
علم الحركة
لسانيات

ميكانيكا
علم المعادن
علم الأعصاب
علم البيئة
الفيزياء
علم النفس
الروبوتات
علم الاجتماع

31 - Vögel

غ	إ	ث	ة	ا	ك	ط	م	ز	ئ	ت	ك	غ	ؤ
ن	إ	ح	ث	ل	ل	ا	ل	ب	ط	ر	ي	ق	ع
و	د	م	ز	ب	ل	ل	د	ح	ي	ن	ي	ا	ص
ر	غ	ا	ؤ	ج	ج	إ	ق	غ	ر	ا	ب	ل	ف
س	م	م	ظ	ع	ط	و	ب	ل	ب	د	ا	و	و
ض	د	ة	ل	ظ	د	ز	ط	و	ق	ع	ل	ق	ر
ب	ج	ع	ة	آ	ش	ل	ة	ط	م	ك	غ	و	م
ئ	ا	ب	ر	ش	ن	س	ر	ي	ه	ة	ر	ا	م
ؤ	ج	ي	ب	ن	ن	م	ن	ش	ي	آ	ا	ق	ئ
ض	غ	ض	ئ	غ	ح	ت	ؤ	ث	ر	ض	ب	ل	ت
ت	و	ة	و	ر	ا	ل	ط	ا	و	و	س	ظ	ص
ز	س	ي	ى	ر	م	ء	ث	آ	ن	ز	ؤ	و	ب
س	ق	ظ	ض	ب	ق	ظ	ب	ن	ؤ	ث	ؤ	م	س
ز	ي	ط	ة	ج	ر	ث	ل	ر	ذ	ئ	ؤ	ش	ب

ببغاء
البجع
الطاووس
البطريق
الغراب
هيرون
بجعة
عصفور
اللقلق
حمامة

نسر
بيضة
بطة
بومة
نحام
إوز
دجاج
غراب
الوقواق
نورس

32 - Garten

ع	ة	م	ق	م	ق	ع	د	ح	د	ي	ق	ة	ب
ر	ن	ز	غ	ص	ب	ى	ئ	ا	أ	خ	ق	ق	س
ض	و	ك	ا	ط	م	إ	ج	ل	ش	ر	ث	م	ت
س	ي	ا	ج	ب	ج	ك	ز	ت	ع	ط	ف	ط	ا
ئ	غ	ل	ق	ة	ر	ق	ي	ر	ل	و	خ	ح	ن
ؤ	م	أ	ة	ز	ف	ك	ك	ا	ا	م	ع	ش	ب
ة	ض	ع	ذ	ه	ة	ر	ة	م	ل	ة	ت	ع	ر
ق	م	ش	ج	ر	ة	ا	د	ب	ن	ف	ى	س	ك
غ	غ	ا	ت	ة	ر	ج	ب	و	ا	إ	ة	ح	ى
ح	ف	ب	ك	ر	س	ئ	و	ل	ر	ة	ا	س	ز
ي	س	ؤ	ظ	م	ب	و	ش	ي	ل	ل	ب	ز	ث
أ	ر	ج	و	ح	ة	ة	ط	ن	ش	ث	ؤ	ئ	خ
ض	س	س	آ	ض	ب	ز	ك	ف	ب	م	ت	ق	آ
ل	ظ	ى	ف	ذ	ي	ة	ف	ن	ر	ا	ح	ح	س

مقعد
شجرة
زهرة
تربة
بوش
كراج
حديقة
عشب
أرجوحة
بستان
أشعل النار
مجرفة
خرطوم
بركة
مصطبة
الترامبولين
الأعشاب
رواق
سياج

33 - Antarktis

ع	ق	ا	ث	ض	ب	ز	ا	ض	ظ	د	ب	ل	و
ل	ا	ا	ذ	ص	ش	ش	غ	م	ذ	ر	ظ	ق	ى
م	ة	س	ر	ح	م	ا	ز	ا	د	ج	ل	ي	د
ي	ش	ط	ا	ة	س	ث	م	ء	ع	ة	ل	ى	ئ
ق	ب	ظ	ل	ا	ل	ب	ع	ث	ة	ا	ز	ي	غ
ه	ه	ص	ج	ة	ث	ر	ن	د	س	ل	ذ	ئ	خ
ط	ج	خ	ز	خ	إ	س	خ	ص	ح	ح	ط	ق	س
س	ز	ر	ر	ح	خ	ث	ق	ذ	ا	ر	ج	ا	س
ب	ي	ي	ة	ق	س	ر	ي	ا	ح	ا	غ	ل	د
ا	ر	ب	ي	ئ	ة	ك	ص	ل	ف	ر	ر	ط	ة
ح	ة	ؤ	ك	ج	ج	ح	و	ح	ؤ	ة	ا	ي	ت
ث	ا	ل	م	ع	ا	د	ن	ف	ح	ذ	ف	و	ع
د	ج	آ	ق	و	ل	ا	خ	ظ	ع	ق	ي	ر	ظ
ط	ب	و	غ	ر	ا	ف	ي	ا	ع	ا	ة	ح	ف

كوف
جليد
الحفظ
البعثة
صخري
باحث
جغرافية
شبه جزيرة
الجزر
قارة

هجرة
المعادن
درجة الحرارة
طبوغرافيا
بيئة
الطيور
ماء
طقس
رياح
علمي

34 - Fahren

ى	ل	ط	ز	ي	غ	ا	ز	م	ح	ظ	ض	د	ظ
إ	ز	إ	آ	ن	ف	ق	ب	ز	ش	ط	آ	ت	ت
ر	خ	ص	ة	ل	ش	د	إ	س	ي	ا	ر	ة	س
ح	ص	ف	ث	غ	ح	ق	ئ	س	ح	ز	ح	غ	ر
ا	ظ	ح	ر	ك	ة	ا	ل	م	ر	و	ر	ن	ع
د	س	ز	د	ا	ن	ث	ح	ط	ج	ق	ج	ش	ة
ث	ج	ا	ك	ل	م	و	ا	ؤ	ج	و	ز	ح	ق
م	ح	ر	ك	غ	ز	ل	ف	ة	ل	د	ئ	ر	غ
ك	د	ئ	ر	ر	ع	ن	ل	م	ش	ا	ن	ش	ة
إ	ل	ش	ا	ب	ح	ص	ة	ي	ر	ل	ر	ر	ج
د	ر	ا	ج	ة	ن	ا	ر	ي	ة	ب	ش	ط	ز
ن	ث	ا	ل	ح	ذ	ر	ن	ة	ظ	إ	ج	ة	و
ت	أ	م	ن	ا	ل	ن	ق	ل	ع	خ	ط	ر	ز
خ	ر	ي	ط	ة	آ	و	خ	ش	ف	ز	ب	ؤ	ا

سيارة
فرامل
وقود
حافلة
كراج
غاز
خطر
سرعة
خريطة
رخصة

شاحنة
محرك
دراجة نارية
شرطة
أمن
النقل
نفق
حادث
حركة المرور
الحذر

35 - Bücher

ي	ؤ	ز	ة	ئ	ف	غ	ا	ى	ح	ظ	ة	ب	و
ض	ب	ر	ض	ؤ	ا	غ	ف	م	ج	م	و	ع	ة
ى	ض	و	ا	ظ	س	ر	ق	أ	إ	ق	ؤ	م	ذ
ف	إ	ح	ا	ت	ن	س	و	س	ظ	ص	ب	ل	ل
ذ	ن	ا	ل	ا	ز	د	و	ا	ج	ي	ة	ح	ف
ك	ت	ل	ر	ر	م	ى	غ	و	ي	د	ة	م	د
ر	ح	د	ا	ي	إ	ت	ي	ي	د	ة	ش	ة	م
ث	ط	ع	و	خ	م	غ	ا	م	ر	ة	ع	ف	ك
م	ي	ا	ي	ي	ب	إ	خ	ئ	م	ض	ر	ئ	ت
ل	ج	ب	ص	ظ	د	ط	غ	س	ا	ع	ث	ث	و
ف	إ	ة	ص	ف	ع	ل	م	ة	ل	ك	خ	د	ب
س	ي	ا	ق	ا	ل	ك	ل	ا	م	س	ؤ	ب	ؤ
ا	إ	م	ص	ف	ح	ة	ق	ا	ر	ئ	ل	غ	ر
ر	ب	ز	ة	ف	ف	أ	د	ب	ي	د	غ	ة	ى

مغامرة
مؤلف
الازدواجية
ملحمة
مبدع
الراوي
قصيدة
قصة
مكتوب
تاريخي

روح الدعابة
مجموعة
سياق الكلام
قارئ
أدبي
شعر
رواية
صفحة
سلسلة
مأساوي

36 - Menschlicher Körper

م	ث	ص	ب	د	د	ف	ك	أ	ت	ع	غ	ض	ض
ي	س	ث	آ	ق	ح	ؤ	ر	ذ	ر	ة	ئ	ك	إ
ش	ض	ث	ذ	د	ا	ذ	د	ن	ش	ئ	ث	ى	ة
ا	ذ	ج	ق	ئ	ل	ئ	و	ع	ة	د	آ	م	س
ظ	ض	ض	م	ج	ش	ك	ص	ق	أ	غ	ح	إ	ط
ب	ا	د	م	ر	ت	ئ	ى	ى	ن	ذ	ف	ص	ن
و	آ	ظ	ص	ق	ذ	ف	د	ز	ف	ر	ر	ب	ث
م	ع	ظ	ة	ل	س	ا	ن	ي	ك	ك	و	ع	ت
إ	ط	و	ة	ب	ر	ئ	ي	س	ح	ب	ت	ش	ا
ذ	ق	ن	ج	و	ج	ج	و	ز	ص	ة	ظ	ف	د
ى	د	م	ل	ه	ل	ض	ي	إ	ك	ح	ز	ف	م
ى	خ	ف	د	ك	ض	ن	د	م	ا	غ	ي	ذ	آ
ي	ث	ش	و	و	ف	م	و	ة	ح	ض	ي	ز	ج
ط	ن	ر	ق	ب	ة	ن	ر	ظ	ل	ض	د	ذ	ح

رجل
دم
كوع
إصبع
دماغ
وجه
رقبة
يد
جلد
قلب

فك
ذقن
ركبة
كاحل
رئيس
فم
أنف
أذن
كتف
لسان

37 - Landschaften

ئ	و	ا	ح	ة	ش	ا	ط	ئ	ك	ث	ق	م	ة
ذ	ا	ق	إ	ش	ل	ل	ل	ص	ز	غ	ث	س	م
ن	د	ع	إ	ة	ا	س	س	خ	ا	ن	ب	ت	ئ
ث	ي	ت	ث	ق	ل	ح	خ	ز	ل	ز	ح	ن	م
ئ	ق	ن	ظ	س	ض	ش	ج	ب	ل	ي	ر	ق	ث
ى	ع	د	ظ	ا	ص	ب	ز	ر	ص	ش	ج	ع	ل
ص	ح	ر	ا	ء	ح	ه	ي	ك	ت	ق	ب	ت	ج
ت	ل	ا	ا	ص	ز	ج	ر	ا	ل	م	ل	ى	ة
خ	ذ	ع	إ	غ	ق	ز	ة	ن	ا	د	ج	ك	خ
خ	و	ص	آ	ق	ج	ي	ف	ل	آ	ط	ل	د	ع
خ	ة	ص	غ	ف	ش	ر	ط	ن	ب	ح	ي	ر	ة
ث	ى	ق	خ	ظ	ك	ة	ل	ا	ه	ق	د	و	م
و	ر	ى	ك	خ	آ	ه	ذ	غ	خ	ر	ظ	ح	ت
إ	ر	ت	ك	ب	ة	آ	ف	ت	ل	د	ى	ت	ن

جبل
جبل جليد
نهر
سخان
مثلجة
الخليج
شبه جزيرة
كهف
تل
جزيرة

بحر
واحة
بحيرة
شاطئ
مستنقع
وادي
تندرا
بركان
شلال
صحراء

38 - Abenteuer

ا	ن	ح	ر	ا	ف	ث	ع	ص	خ	إ	م	ى	ؤ
ل	آ	ط	ب	ي	ع	ة	د	ع	ت	ق	س	ث	إ
ج	ظ	ب	ر	ح	م	ا	س	و	ن	خ	ا	ع	ة
د	م	م	ف	ا	ج	أ	ة	ب	ش	ا	ر	ج	ع
ي	غ	ا	ف	ز	م	ر	ح	ة	ا	ؤ	ا	ز	و
د	ف	ش	ل	ا	ل	س	ف	ر	ط	ئ	ل	ض	ط
ك	ض	ث	ض	غ	ي	ئ	ظ	خ	ط	ي	ر	ا	غ
ز	ا	ش	ج	ا	ع	ة	ث	ت	ج	س	ح	غ	ئ
ن	ف	ت	ع	ل	ف	ش	خ	ح	ف	إ	ل	ت	ئ
ت	و	ق	ر	م	ع	ئ	ر	ض	ن	ئ	ة	س	س
ح	ف	ض	ي	ل	ة	أ	ظ	ي	ا	ص	ح	ا	ب
غ	ي	ر	ع	ا	د	ي	م	ر	ق	ي	ص	ا	ذ
آ	ك	ن	ص	ح	د	ئ	ك	ن	ز	ؤ	غ	ب	ئ
ش	ن	ئ	ق	ة	ز	ظ	ك	ا	و	ج	ه	ة	ل

نشاط
انحراف
حماس
فرصة
مرح
اصحاب
خطير
طبيعة
الملاحة
الجديد

السفر
مسار الرحلة
جمال
صعوبة
أمن
شجاعة
غير عادي
مفاجأة
تحضير
وجهة

39 - Flugzeuge

ا	م	ا	م	خ	ي	ر	ا	ت	ل	ا	ض	ض	ن
ل	ح	ل	آ	ن	م	ا	ا	ى	ض	ص	خ	و	ب
ت	ر	غ	غ	آ	ح	ك	ذ	ط	خ	ل	غ	ل	ؤ
ن	ك	ل	ط	و	ص	ب	ر	ح	ش	ر	ا	ي	ط
ق	ا	ا	ا	ق	ز	ا	ح	و	ا	ر	م	م	ؤ
ل	ل	ف	ق	و	ب	ن	ي	ج	و	ر	د	ي	ه
غ	ت	ا	م	د	ن	خ	ذ	آ	ظ	غ	ئ	ذ	ئ
ج	ص	ل	ب	ا	ا	ف	ل	ة	ر	م	ا	غ	م
ت	م	ج	ا	ه	ء	ع	ة	ث	ط	ك	و	ط	ا
ا	ي	و	ل	و	ء	ا	م	س	ك	ت	ق	ر	غ
ا	م	ي	و	ا	ص	غ	ث	ظ	ى	س	ت	ص	ج
و	و	خ	ن	ء	ش	ل	ق	ز	ق	ف	ظ	ل	ن
ة	ب	ط	ز	ؤ	ك	إ	ت	ف	ا	و	غ	ظ	ح
ئ	ر	ا	ي	ظ	ى	ل	ظ	ع	ى	د	ى	و	م

مغامرة
اصل
الغلاف الجوي
بالون
وقود
طاقم
التصميم
التاريخ
سماء
ارتفاع

بناء
هواء
محرك
التنقل
راكب
طيار
مراوح
اضطراب
هيدروجين
طقس

40 - Haartypen

غ	ذ	ذ	آ	ص	ح	ت	ف	ز	ت	ف	ق	ت	ي
ل	ي	ج	ز	ح	ظ	ي	ح	ش	ج	ض	ا	د	ذ
ر	م	ا	د	ي	د	ث	غ	س	ع	ة	ي	ع	ي
خ	ل	آ	ى	ش	د	ة	ؤ	ر	ي	ص	ر	ب	ض
ي	و	ر	ل	غ	ض	ا	س	ا	د	و	ث	ر	ف
ع	ن	ع	إ	ف	آ	ف	ض	آ	ا	ئ	ا	ز	خ
ر	ق	ي	ق	ص	ي	ر	ة	ي	ل	ف	ئ	ط	د
أ	ب	ي	ض	ن	ا	ع	م	أ	ش	س	ب	ن	ي
س	م	ي	ك	م	ل	ئ	آ	ص	ع	م	د	ي	ز
و	ق	ج	خ	ت	ض	ث	ق	ل	ر	ت	ج	د	ك
د	ل	ا	ع	ع	ف	ف	ج	ع	ط	م	س	ظ	أ
ج	س	ف	ص	د	ا	خ	ر	س	و	و	ت	ت	ش
ت	ت	س	ع	ل	ئ	ق	ة	ت	ط	ج	ي	ق	ق
ؤ	ح	ل	ك	ط	ر	ث	ص	ص	م	ز	ك	ل	ر

أشقر
بني
سميك
رقيق
ملون
مضفر
صحي
رمادي
أصلع
قصيرة

طويل
تجعيد الشعر
مجعد
أسود
فضة
جاف
ناعم
أبيض
متموج
الضفائر

41 - Essen #1

ق	ك	ح	غ	ذ	ص	ذ	ي	ت	ظ	ض	ح	ا	ل
ؤ	ه	م	ص	ج	ث	و	م	و	آ	ث	ل	ظ	ح
م	ح	و	ث	ز	ص	ج	ل	ن	ش	ع	ي	ر	م
ل	ف	ت	ة	ر	آ	ح	ح	ة	د	ص	ب	ي	ذ
ب	ص	ل	ذ	ث	ى	س	آ	ح	ذ	ي	ئ	ح	ذ
ض	ق	آ	ث	ئ	ط	ا	ف	ت	ش	ر	ت	ا	ا
ب	ث	خ	س	ق	ح	ء	ذ	ل	ى	ؤ	ا	ن	ش
ش	س	ث	ذ	ر	ث	ب	ث	ث	ا	ن	د	ت	ن
غ	ث	ب	ي	ف	ج	ة	ط	ل	ف	و	ح	و	ب
ا	س	ل	ط	ة	ف	س	خ	ش	ذ	إ	غ	ؤ	ر
د	ل	ي	م	و	ن	ن	ى	ف	غ	ف	ي	ش	ا
ت	ج	س	ب	ا	ن	خ	خ	ث	س	ي	ط	ز	خ
ى	ئ	ئ	ك	ض	د	ط	ز	ل	ل	غ	ش	م	ك
د	ي	ف	ف	ر	ا	و	ل	ة	ح	ب	ي	ص	آ

ريحان
كمثرى
فراولة
لحم
شعير
قهوة
جزر
ثوم
حليب
لفت

عصير
سلطة
ملح
سبانخ
حساء
تونة
قرفة
ليمون
السكر
بصل

42 - Gebäude

س	و	ب	ر	م	ا	ر	ك	ت	ب	ع	ج	ط	ح
غ	ي	ر	ك	ؤ	ر	ج	ج	ح	ح	ش	ر	ة	ف
د	ك	ج	ج	ح	ظ	ي	ر	ة	ق	س	ب	ض	ذ
ط	م	د	ر	س	ة	م	ج	ق	ا	م	ظ	م	ك
ا	ث	خ	ي	م	ة	ج	إ	ك	س	ح	ب	خ	ى
ف	خ	ؤ	ت	غ	ئ	ا	ا	ة	ش	ظ	خ	ط	ي
ش	ا	ت	م	ب	ك	ب	ل	م	ب	ى	ؤ	ف	م
ق	ل	ل	س	ث	ر	ت	س	ل	ع	ث	آ	ن	س
ك	ج	ذ	م	آ	ا	ي	ف	ع	ط	ة	م	د	ت
م	ر	ص	د	ق	ج	ك	ا	ب	ف	غ	آ	ق	ش
م	ص	ن	ع	ص	ص	د	ر	س	ي	ن	م	ا	ف
و	ؤ	ز	ش	ح	ج	و	ة	ط	ل	ش	س	ج	ى
غ	آ	ل	م	ت	ح	ف	ر	إ	ح	ذ	ر	ذ	و
م	ز	ر	ع	ة	ؤ	ح	غ	ة	ض	ذ	ح	ك	إ

مزرعة
السفارة
مصنع
كراج
نزل
فندق
المقصورة
سينما
مستشفى
مختبر

متحف
مرصد
حظيرة
مدرسة
ملعب
سوبر ماركت
مسرح
برج
جامعة
خيمة

43 - Angeln

غ	د	ب	خ	س	ح	ئ	ا	ط	ح	ا	ة	ش	ف
ؤ	ن	ح	ظ	ل	ح	ا	ئ	ث	ض	ؤ	ش	ج	ز
ك	ئ	ي	ع	ة	ل	ا	ق	و	ز	د	ض	ظ	ل
ش	ج	ر	ك	م	ي	ش	ا	ي	خ	ئ	ئ	ح	ص
ا	ذ	ة	و	ا	ؤ	ظ	ر	آ	ح	ن	و	م	ج
ط	ث	س	ز	ء	ف	ض	ب	غ	م	ه	غ	ل	ي
ئ	م	ا	ن	ؤ	ك	و	س	ي	ل	ر	م	ف	ل
ن	ت	ح	ا	ف	ح	ؤ	ت	ج	ة	ز	ك	ل	س
ج	ض	ض	ض	آ	آ	ز	ا	ط	ق	ض	و	ز	ت
آ	و	خ	ل	ط	ع	ق	ا	ي	ح	ق	س	ا	ط
ر	و	ا	غ	ث	ع	ظ	ة	ن	ط	ي	ح	م	ث
ظ	ت	ا	د	ع	م	ف	ن	ا	ع	ز	ر	ب	ص
ف	ا	ط	خ	ة	غ	ل	ا	ب	م	ض	ر	ق	ا
غ	ج	آ	إ	ن	و	ذ	ف	ج	ق	ض	ئ	ق	ط

فك
خياشيم
سلة
طعم
محيط
بحيرة
شاطئ
مبالغة
ماء

معدات
قارب
سلك
زعانف
نهر
صبر
وزن
خطاف
الموسم

44 - Regenwald

ن	ف	ؤ	ص	ن	ط	ا	ح	ت	ر	ا	م	ط	آ
ب	ج	ر	ص	ة	أ	ص	ل	ي	آ	ج	ط	ب	ئ
ا	ؤ	ا	ل	ط	ي	و	ر	ح	ا	ي	ح	ي	ر
ت	ن	ة	ة	ا	ص	ق	ئ	ذ	ش	ظ	ل	ع	إ
ي	ل	ص	ئ	ج	ل	م	ظ	و	ج	ر	ب	ة	إ
ث	ت	ن	و	ع	ن	ب	آ	ق	ف	ؤ	ا	ز	ى
ا	ل	غ	ا	ب	ة	د	ر	ي	خ	ؤ	ل	ت	م
ل	ف	ذ	د	س	ك	ل	ض	م	ذ	ب	ث	س	ح
أ	آ	ل	ئ	ح	ر	ظ	ت	ة	ا	ب	د	ر	ز
ن	خ	ك	إ	ا	م	ل	ج	أ	ن	ئ	ي	ظ	ج
و	ض	ؤ	ق	ب	ن	م	ل	ة	ت	ش	ي	خ	ز
ا	ب	ك	ب	ت	ا	ض	إ	ص	ث	ص	ا	ا	ل
ع	ي	ب	ظ	ج	خ	م	إ	ظ	ط	ر	ت	ط	ت
إ	و	غ	ر	ذ	ع	ؤ	د	ا	ر	د	د	خ	غ

البرمائيات
الأنواع
نباتي
الغابة
أصلي
ملة
الحشرات
مناخ
طحلب

طبيعة
احترام
الثدييات
نجاة
تنوع
الطيور
ذو قيمة
سحاب
ملجأ

45 - Essen #2

ل	ظ	ث	ت	ذ	ط	غ	ة	ض	ر	م	ي	آ	ق
ف	ق	ب	ي	ض	ة	م	ق	ت	ق	ي	ل	ذ	م
ؤ	س	ا	ز	ذ	إ	ئ	ا	ل	ى	ؤ	ج	ص	ح
ج	ذ	ذ	م	ؤ	ن	آ	س	ط	ع	ز	آ	ت	ض
ة	م	ن	ص	س	ت	ش	م	ى	م	غ	ح	ة	ز
ي	ث	ج	ب	ن	ة	و	ش	ي	ش	ح	ة	ش	غ
ذ	س	ا	خ	ش	ب	ك	ق	ي	ظ	و	ا	ث	غ
خ	ة	ن	و	ع	س	و	م	خ	ئ	ث	ش	ط	ا
ب	أ	ل	ح	م	ا	ل	خ	ن	ز	ي	ر	ك	ش
ز	ر	م	ل	ى	ر	ا	إ	ك	ر	ف	س	م	ك
ب	ز	و	ف	و	س	ت	ف	ا	ح	ط	ظ	ح	ا
ا	ي	ز	ك	ر	ز	ة	ث	ئ	خ	ر	ش	و	ف
د	ز	د	ه	ل	ي	و	ن	ع	ث	ؤ	ذ	غ	ك
ي	ص	ك	ي	ى	ي	د	ج	ث	ي	ض	م	و	و

تفاح
خرشوف
باذنجان
موز
بروكلي
خبز
بيضة
سمك
زبادي
جبن

كرز
لوز
فطر
أرز
لحم الخنزير
شوكولاتة
كرفس
هليون
طماطم
قمح

46 - Familie

ع	ة	ج	و	ز	ة	ب	ق	ي	آ	م	ع	ل	ا
م	د	د	ط	ر	ف	م	ظ	ب	ض	ة	ن	ب	ا
ة	ص	ل	ى	ظ	ز	ف	ل	س	و	ظ	ن	ؤ	ل
ع	س	إ	ل	ق	ي	ص	ف	ي	د	أ	ؤ	ب	أ
ث	أ	ط	و	ث	م	ث	ق	ة	خ	ب	ك	خ	ب
ش	م	ط	ب	خ	ط	إ	ك	إ	ث	غ	ت	ج	إ
ك	ض	ج	ج	ى	ف	د	ص	خ	ت	ن	د	ذ	ئ
م	ل	ا	ف	ط	أ	ل	ا	ح	ش	ش	ؤ	س	خ
ذ	ي	د	ي	ف	ح	د	و	ك	ص	س	ذ	ظ	ب
غ	ج	و	ز	ل	ا	ط	ث	إ	ض	ث	د	د	إ
ح	ر	ق	ي	ق	ش	ى	ى	ن	آ	ا	ع	ة	م
ف	ق	ة	ل	و	ف	ط	ل	ا	ة	ل	ح	ر	م
ك	ج	ظ	م	ع	ن	ب	ا	ت	ؤ	أ	ذ	ك	ط
ى	ع	ل	غ	ر	م	ؤ	ي	ا	ن	م	ذ	و	غ

الأم
ابن أخ
العم
أخت
عمة
ابنة
أب
الأب
ابن عم
سلف

شقيق
زوجة
الزوج
حفيد
جدة
جد
طفل
الأطفال
مرحلة الطفولة
أم

47 - Pflanzen

ا	ص	ب	ط	ج	ل	إ	ش	ش	ض	ز	ج	ج	ح
ل	ب	ا	ح	آ	ى	ذ	د	ا	م	س	ا	د	ع
ن	ا	م	ل	ج	م	ن	ل	ظ	ن	إ	ي	ة	ل
ب	ر	ب	ب	ش	و	ب	ب	ز	ح	ق	ط	ض	م
ا	ن	و	ط	آ	ت	ت	ل	ه	ة	د	ك	ب	ا
ت	ر	ج	ش	ل	ا	ق	ا	ر	و	أ	ط	إ	ل
ي	ض	ذ	ة	ك	ك	ؤ	ب	ة	ط	ا	ؤ	ع	ن
ة	ي	ر	ع	و	ب	ة	ر	ج	ش	ص	ح	ش	ب
ة	ن	ج	ز	ي	س	ش	ة	ق	ر	و	ظ	ب	ا
ل	ز	س	ر	غ	ج	ا	ي	ل	و	ص	ا	ف	ت
ق	ظ	ي	إ	ا	ق	ة	ب	ا	غ	ئ	ط	ر	آ
ص	إ	ل	ا	ذ	ع	ت	ق	ا	خ	ض	ج	ف	ب
ق	خ	ث	ؤ	ؤ	ف	ص	ي	ر	ا	م	ي	ن	ع
ب	م	إ	ع	ق	ؤ	ذ	ف	ذ	و	ج	ح	آ	ت

بامبو
شجرة
بيري
ورقة
زهرة
البتلة
فاصوليا
علم النبات
بوش
سماد

لبلاب
النباتية
حديقة
صبار
عشب
أوراق الشجر
طحلب
نبت
غابة
جذر

48 - Kunst

ب	ن	ث	ك	م	ل	ب	ا	ك	إ	ي	ب	س	ل
س	غ	م	و	ض	و	ع	ل	م	إ	ق	ن	ا	ذ
ي	ظ	د	ش	ى	ح	ت	ت	غ	و	ص	ا	د	ق
ط	إ	ض	ت	ت	ا	ك	ع	ا	ص	ب	أ	آ	ة
غ	ف	ر	ن	س	ت	و	ب	ظ	ح	ى	ص	ؤ	ة
ر	س	ش	خ	ص	ي	ي	ي	آ	إ	ي	ل	ر	ذ
م	ا	ي	ذ	ة	خ	ن	ر	ز	ب	ج	ي	م	ي
ي	ل	ش	ر	خ	ض	ل	ب	ئ	م	ق	ؤ	ز	ت
ت	ن	ع	ج	ا	ى	إ	م	ك	ر	ز	ر	ك	خ
ق	ح	ش	ظ	و	م	ص	ا	ة	ك	ج	ا	ئ	ئ
ا	ت	ع	إ	ح	ص	ي	ز	غ	ب	ن	ى	ج	ط
ل	ث	ر	ة	ب	ة	ب	ك	ت	ص	و	ي	ر	ن
د	م	ق	ا	ل	س	ر	ي	ا	ل	ي	ة	م	ي
ث	غ	ر	ا	ن	ث	غ	ش	ئ	ص	ص	ت	ع	و

التعبير
صادق
بسيط
موضوع
لوحات
ربما
سيراميك
مركب
أصلي

شخصي
شعر
تصوير
النحت
مزاج
السريالية
رمز
بصري
تكوين

49 - Gewürze

ز	ص	و	إ	آ	ذ	ق	ك	ي	و	ك	ق	ب	ز
ي	ع	ظ	ض	غ	ا	ن	ح	ئ	ب	ا	س	و	ن
ف	ى	ف	ل	ف	ل	أ	ح	م	ر	ر	ز	ك	ج
ق	ل	ن	ر	إ	ق	ع	ؤ	ر	م	ي	ذ	ش	و
ا	ر	ف	م	ا	ر	ر	ز	ن	ج	ب	ي	ل	ز
ل	ل	ف	ل	ة	ن	ق	ح	ض	ن	ص	ف	ت	ة
ش	د	ا	ة	ؤ	ف	ا	د	آ	ؤ	ل	ف	ح	ا
م	ة	ن	ن	ح	ل	ل	ظ	ر	ث	و	م	ع	ل
ر	ع	ي	س	ؤ	ن	س	ة	آ	ج	م	ل	ق	ط
ة	ة	ل	ق	ق	ك	و	ح	ا	م	ض	ح	ة	ي
ع	ش	ا	ض	ز	ه	س	س	ث	ن	ش	ب	ت	ب
غ	خ	ا	ي	آ	ة	ا	ل	ي	ا	ن	س	و	ن
خ	ق	ح	ب	ا	ل	ه	ا	ل	ظ	ص	ح	ر	س
و	ث	ث	ح	ل	و	ئ	ظ	ف	ش	ئ	ض	ق	ا

اليانسون
مر
كاري
الشمرة
نكهة
زنجبيل
حب الهال
ثوم
عرق السوس
جوزة الطيب

القرنفل
فلفل أحمر
فلفل
زعفران
ملح
حامض
حلو
فانيلا
قرفة
بصل

50 - Gemüse

ك	ق	ب	ج	م	ط	ا	م	ط	ل	ص	ب	ز	ف
ر	ع	ج	ر	ى	ج	ص	خ	ع	ر	ئ	ق	ن	س
ف	ؤ	ا	ل	ر	و	ح	ت	ر	آ	ا	د	ج	ت
س	ى	ط	ذ	س	د	غ	ن	خ	ت	ج	و	ب	ذ
ر	ن	ج	ظ	ش	ك	ض	ع	س	ق	ز	ن	ي	س
ي	ل	ك	و	ر	ب	ز	ح	ب	ر	ر	س	ل	ت
ك	ف	ا	ز	ر	ا	ي	خ	ا	ن	ي	ط	ق	ي
م	ت	ل	ي	ؤ	ذ	ف	ر	ن	ب	ة	ص	ر	ض
ح	ف	ب	ت	ح	ن	ط	ش	خ	ي	و	غ	ل	ب
م	ذ	ط	و	ت	ج	ر	و	ر	ط	م	ى	ا	غ
ح	ق	ا	ن	م	ا	ب	ف	ع	ب	ة	ز	س	ث
ؤ	ز	ط	م	ع	ن	ج	خ	ى	ة	ل	ة	و	م
ا	ض	س	س	ز	و	ص	ا	خ	ا	ز	م	ض	ب
ض	ر	ي	ؤ	ل	آ	ة	ث	ء	ظ	ة	ظ	ل	غ

خرشوف
باذنجان
قرنبيط
بروكلي
بازلاء
خيار
زنجبيل
جزر
البطاطس
ثوم

يقطين
زيتون
بقدونس
فطر
لفت
سلطة
كرفس
سبانخ
طماطم
بصل

51 - Katzen

ذ	ي	ل	ق	ز	د	ح	ح	خ	ث	ة	ض	ط	ط
آ	ص	ش	ل	ل	خ	ى	ي	ا	ح	ف	ض	ق	ج
ح	ل	ة	ش	خ	ص	ي	ة	ص	ا	و	ا	ض	ق
آ	ن	ؤ	ظ	ا	ي	ح	د	ش	س	إ	ث	آ	د
ك	و	و	ئ	ك	ا	ق	ي	س	ط	إ	و	س	ت
ر	م	ش	ن	ق	د	و	ش	ع	ر	ك	ي	ن	م
ك	س	م	خ	ل	ب	ز	م	ض	ح	ك	ص	م	ؤ
ك	ت	ع	ق	ي	ر	ص	س	ج	إ	خ	ف	أ	ر
آ	خ	غ	ز	ل	ي	ع	ت	ا	ن	ج	ش	ض	خ
آ	إ	ذ	ب	ا	ص	و	ق	س	ن	و	ج	ق	س
ت	ر	ة	إ	س	م	ى	ل	ز	ف	ل	ن	ى	آ
ل	ع	و	ب	ف	ر	و	غ	ب	ذ	ا	ا	غ	د
ط	د	س	د	ل	و	ع	ش	ش	ل	ذ	ش	ب	آ
ي	ف	ض	و	ل	ي	ا	ة	ط	و	ص	ن	ث	ى

فرو
غزل
صياد
مضحك
حنون
فأر
فضولي
شخصية
مخلب

نوم
بسرعة
خجول
ذيل
مستقل
مجنون
لعوب
قليلا
بري

52 - Tanzen

ع	ن	إ	د	ز	ف	ق	ن	ث	س	ت	ذ	ا	ا
ج	ث	ة	ى	ح	ى	إ	ع	ق	إ	ظ	م	ل	ل
ت	ق	ل	ي	د	ي	ث	م	ا	ض	إ	ب	أ	ك
آ	ا	ض	ز	م	ش	ش	ة	ف	ط	ل	و	ك	و
ق	ف	م	و	س	ي	ق	ى	ة	ا	ف	ع	ا	ر
ف	ي	م	ص	ر	م	ي	د	ي	ى	و	ة	د	ي
ز	ح	ع	ح	م	ظ	ع	ف	ى	ب	ص	ر	ي	غ
إ	م	ب	ف	ن	ص	ؤ	ط	ع	ض	آ	ن	م	ر
ؤ	ش	ر	ي	ك	ل	ا	س	ي	ك	ي	ب	ي	ا
ت	و	ة	ح	إ	ي	ق	ا	ع	م	م	ز	ة	ف
ا	ض	ش	ي	ك	ح	ا	ل	م	و	ق	ف	ى	ي
ذ	ج	ص	غ	ز	ب	ر	و	ف	ة	خ	ك	ع	ا
ح	ش	ل	ى	م	ت	ة	ك	ك	ع	س	غ	د	ر
ص	ة	ح	ع	ئ	ص	ط	ز	ة	ر	ث	ح	ئ	ن

الأكاديمية
نعمة
معبرة
حركة
الكوريغرافيا
عاطفة
مرح
الموقف
كلاسيكي
جثة

ثقافة
ثقافي
فن
موسيقى
شريك
بروفة
إيقاع
قفز
تقليدي
بصري

53 - Ernährung

م	ا	ع	ة	ي	ر	ت	خ	و	ا	ك	ا	د	ن
ت	د	ل	خ	و	ش	خ	ش	ث	ع	ل	ز	ث	ك
و	ج	ف	ك	إ	ئ	م	ب	م	س	ط	ص	ط	ه
ا	و	ي	ص	ر	ؤ	ي	ض	غ	م	ؤ	ض	ح	ة
ز	د	ت	ا	ل	ب	ر	و	ت	ي	ن	ا	ت	ة
ن	ة	ا	ل	م	ج	و	ا	ل	ح	ب	و	ب	ف
ت	س	م	ح	و	ز	ن	ه	ا	ل	م	غ	ذ	ي
ة	إ	ي	ل	ح	ء	ش	ه	ي	ة	ا	ص	ض	ش
ط	ذ	ن	ل	م	م	ذ	ض	ب	د	ز	ح	ز	ة
ث	ؤ	ب	أ	ؤ	ى	ي	م	ل	ر	ر	ي	ف	ت
م	ر	ل	ك	ك	ا	ب	ة	ل	ى	ئ	ا	م	ز
خ	ن	ص	ل	ص	ة	خ	ق	ط	ئ	ج	م	ت	ج
خ	ك	ث	ة	ض	ث	ي	ن	ض	م	ا	م	ى	ذ
ي	س	ب	ع	ذ	ص	ؤ	ؤ	د	ع	ح	ا	ز	ص

الحبوب

المغذي
البروتينات

54 - Technologie

ح	ئ	ل	ك	ر	ا	ب	ذ	خ	ب	ا	ي	ت	ر
و	ط	ؤ	ا	ل	م	ؤ	ش	ر	ط	ل	ص	ى	س
م	ك	أ	م	ن	ل	ف	ا	خ	ف	إ	ل	ؤ	ا
ع	إ	ل	ي	ع	ف	خ	ش	ر	آ	ح	ذ	ث	ل
ؤ	ر	ف	ر	ب	ب	ا	ة	د	خ	ص	ل	م	ة
خ	ى	ض	ا	د	د	ف	و	ك	ش	ا	س	ف	م
ر	س	ت	ا	ل	م	ت	ص	ف	ح	ء	غ	غ	ا
ف	ق	ع	ل	و	ى	ر	ا	ل	ح	ا	س	و	ب
ي	ب	م	ب	ح	ث	ا	ئ	ؤ	ب	آ	ص	ل	ر
ر	ذ	د	ي	ى	ح	ض	س	ي	ى	ث	إ	ل	م
و	ت	و	ا	ي	ؤ	ي	ث	ت	ر	ز	ش	ض	ج
س	ت	ن	ن	د	ة	ة	خ	ط	ي	ن	آ	س	ي
ب	ع	ة	ا	ص	ب	ش	ش	خ	ظ	ع	غ	ى	ا
ا	م	غ	ت	ي	إ	ن	ت	ر	ن	ت	ح	ع	ت

بحث
إنترنت
كاميرا
رسالة
خط
أمن
برمجيات
الإحصاء
افتراضية
فيروس

عرض
شاشة
مدونة
المتصفح
بايت
الحاسوب
المؤشر
ملف
البيانات
رقمي

55 - Wasser

ف	ل	آ	ط	د	ج	إ	ة	ث	ح	ب	ظ	و	ة
إ	ي	ب	ظ	ئ	ل	ح	ث	ض	ى	ح	ا	ق	ى
ن	ض	ض	د	ش	ي	ل	د	ح	ش	ي	ظ	ل	ر
إ	ع	ص	ا	ر	د	ح	ي	إ	س	ر	ظ	ى	ض
ض	ق	ة	ل	ن	ر	ط	و	ب	ة	ة	ؤ	ق	ط
ض	م	ط	ر	ز	ه	ذ	ش	و	إ	إ	ى	و	إ
ض	ص	ق	ي	ع	ل	ر	إ	م	ق	ت	ص	ز	ذ
د	ع	ف	ز	ت	ئ	و	ر	ث	ن	ح	آ	ى	ع
ص	ة	ع	إ	ن	ب	خ	ا	ر	ا	ا	ج	ل	ر
أ	آ	ر	ر	ج	س	خ	ا	ن	ة	ز	ا	خ	آ
م	ح	ي	ط	ئ	ئ	ص	ر	ث	ل	ج	ت	ث	ل
و	ض	ث	ب	ك	ط	و	ث	ب	ى	ى	ر	ط	د
ا	ز	ذ	ن	م	ا	ئ	آ	ق	س	خ	ط	ظ	ع
ج	د	ب	م	ض	ة	ي	ع	ق	ة	ف	ب	غ	ا

الري
بخار
دش
جليد
رطب
رطوبة
نهر
فيضان
صقيع

سخان
إعصار
قناة
محيط
مطر
ثلج
بحيرة
تبخر
أمواج

56 - Science Fiction

ن	ب	ا	ل	ك	ت	ب	ئ	ق	ك	خ	خ	ا	ض
ق	ئ	م	س	ت	ق	ب	ل	ي	ة	آ	م	ل	ث
ح	ع	و	ئ	ئ	ن	و	ه	م	ي	آ	ئ	ع	ى
ل	ص	ا	ب	ع	ي	د	ه	ؤ	م	ص	آ	ا	ش
ف	ب	د	ج	ش	ة	غ	ا	م	ض	ع	ب	ل	ل
م	ذ	ك	ا	ل	س	ي	ن	ا	ر	ي	و	م	غ
ع	ع	ي	و	و	ح	ي	ف	آ	ض	و	ن	ي	ظ
ز	ط	م	ا	ك	ى	ظ	ج	ح	ش	ت	ؤ	ة	ب
ع	آ	ي	ظ	ن	ب	ر	ا	ئ	ع	و	ب	ؤ	س
آ	ع	ا	ط	ظ	ا	ز	ر	غ	ج	ب	ر	س	و
ك	ت	ئ	ؤ	ش	ي	ر	ق	ؤ	ت	ي	ل	ي	ك
ك	ط	ي	و	ا	ق	ع	ي	ر	آ	ا	ت	ن	إ
ع	إ	ة	ا	ل	ر	و	ب	و	ت	ا	ت	م	د
ن	م	ت	ط	ر	ف	و	ق	ة	آ	ي	ب	ا	ى

الكتب
مواد كيميائية
انفجار
متطرف
رائع
بعيد
نار
مستقبلية
غامض
وهم

وهمي
سينما
وحي
كوكب
واقعي
الروبوتات
السيناريو
تقنية
يوتوبيا
العالمية

57 - Haustiere

ل	ش	ز	ب	ف	إ	ئ	ع	ى	ف	ه	س	م	ك
ل	ى	خ	ة	ز	ؤ	ك	ع	ك	خ	ر	ل	ا	ز
م	ر	ج	س	م	م	ا	ح	ع	ث	ي	ح	ء	خ
ك	ل	ب	إ	ت	ق	ب	ع	ج	إ	ر	ف	ر	ل
و	ج	ى	ق	ب	ر	ز	ك	ر	ق	ة	ا	ب	ئ
ب	ب	غ	ا	ء	ئ	ذ	و	و	ظ	ط	ة	ا	ط
ا	ق	ظ	ة	ا	ا	و	ع	ط	ش	غ	ع	ط	و
ل	أ	ر	ن	ب	غ	ذ	ف	أ	ر	ي	ص	ا	ق
ك	د	خ	ة	ط	ب	ي	ب	ب	ي	ط	ر	ي	م
ف	س	ح	ل	ي	ة	ل	ا	ن	ي	غ	ز	ب	خ
و	ز	ظ	ص	ز	م	ا	ع	ز	ث	ذ	ل	م	ا
ف	غ	س	ل	ب	ظ	إ	ف	ف	ا	ل	إ	ى	ل
ث	ز	آ	ش	ؤ	ى	ت	م	خ	ك	ك	ا	س	ب
ش	و	ى	خ	ث	ز	ظ	م	ض	ر	ي	ح	ة	ك

سحلية
طعام
سمك
أرنب
كلب
قط
هريرة
طوق
مخالب
بقرة

رباط
فأر
ببغاء
الكفوف
سلحفاة
ذيل
طبيب بيطري
ماء
جرو
ماعز

58 - Geburtstag

د	ئ	ح	ن	ح	آ	و	و	ا	خ	ى	ا	ى	ك
ذ	ش	ث	ف	ث	د	ل	ي	ت	ع	ل	م	ح	آ
ن	ذ	ش	ظ	ى	ه	د	ي	ة	ب	ض	ر	ك	و
غ	ا	ئ	ل	ش	ت	ق	و	ي	م	إ	ح	م	ب
خ	م	ع	ح	ا	ح	ت	ف	ا	ل	غ	ك	ة	ش
ذ	خ	ح	ك	ب	ص	ظ	ب	ن	ظ	ض	ر	ذ	ض
ا	ل	ش	م	و	ع	ح	ط	ي	آ	ض	ج	ج	ص
ا	ل	د	ع	و	ا	ت	ا	ن	ك	ي	و	م	س
خ	ا	ص	ذ	ا	ل	ى	ق	ب	ر	ي	ا	م	ن
ئ	ا	آ	ة	ث	و	ز	ا	إ	ت	أ	ك	آ	ة
ظ	م	ة	ج	ر	ق	ط	ت	ب	ى	غ	ذ	ل	ف
ظ	ت	ى	ج	د	ت	س	ط	ل	إ	ن	ص	ا	ر
ا	ط	ؤ	ث	ا	ف	ش	ذ	ك	ر	ي	ا	ت	ط
س	ع	ي	د	ث	ج	م	ش	و	ط	ة	ن	ا	إ

الدعوات
ذكريات
احتفال
اصحاب
ولد
هدية
سعيد
سنة
شاب
تقويم

بطاقات
الشموع
كيك
ليتعلم
أغنية
مرح
خاص
يوم
حكمة
الوقت

59 - Literatur

ا	ع	ث	ى	ز	ا	م	ة	ز	ظ	ك	م	ع	ب
ا	س	ر	ذ	ي	ل	و	ص	ف	ب	ب	أ	ي	خ
ل	و	ت	و	ش	ث	ض	خ	ك	و	ض	س	ع	ب
ر	ئ	ح	ن	ا	ا	و	ث	ك	إ	ا	ا	ت	ز
ا	ن	ل	م	ت	ي	ع	ق	آ	ي	م	ة	ع	ف
و	ف	ي	ط	آ	ا	ة	ر	د	ق	ط	ظ	ح	ئ
ي	خ	ل	ا	د	د	ج	خ	ي	ا	ل	ض	ك	ف
ف	ئ	ة	ل	غ	ا	ل	ن	و	ع	ح	ع	ا	ص
ش	ي	ط	ق	ا	ف	ي	ة	غ	م	و	د	ي	ظ
ص	ح	ص	ي	ق	ص	ي	د	ة	ق	ا	ق	ة	ل
ذ	ذ	ر	ا	م	ؤ	ل	ف	ح	ا	ر	ن	إ	ض
ج	ح	ا	س	ا	س	ت	ع	ا	ر	ة	ة	إ	غ
ط	ت	ض	ع	م	ح	ك	ع	ص	ن	ى	ظ	ن	د
ة	ؤ	ش	ش	ذ	ص	ل	ض	غ	ة	غ	د	إ	ف

القياس
تحليل
حكاية
مؤلف
وصف
حوار
الراوي
خيال
قصيدة
النوع

استعارة
شاعري
قافية
إيقاع
رواية
استنتاج
نمط
موضوع
مأساة
مقارنة

60 - Wandern

ص ر خ آ ئ ر ة و ا ف ى ب آ ا
ئ ئ ر ك ن ا خ س س خ ح آ ق ل
م ي ي خ ت ث ب خ ع ى س ا ص ح
س ق ط ز ق ث ص ؤ د ش ع ش ص د
ا م ة ي ذ ح أ و ئ ش ج م ا ا
م ض ل ب ج ص ر غ ص ؤ م خ ك ئ
ر خ ا ن م آ ر ب ث و خ ى ض ق
ر ط ا خ م ل ا ا و ا ر ض ظ ث
ت ا ن ا و ي ح ل ا غ ؤ ذ ى ظ
ح ذ ء إ ق د ق ح ض ؤ ى ط ا ش
ض خ ي ر ب ف ر ج ح ى ب ع ت م
ي ط ض ة م ق ع ا ع ي ة ب ج س
ر ؤ و خ ر ف ؤ ر ع غ ط ق ا ص
خ ئ ط ا ز خ و ة ة ج ع خ ه ت

جبل
تخييم
المخاطر
قمة
خريطة
مناخ
جرف
متعب
طبيعة
اتجاه

الحدائق
ثقيل
شمس
الحجارة
أحذية
الحيوانات
تحضير
ماء
طقس
بري

61 - Länder #2

أ	ن	ن	ص	م	ث	ؤ	ب	ا	ك	س	ت	ا	ن
و	ي	ن	م	ه	ز	ب	ج	ل	ل	ا	ف	س	ن
ك	ج	ا	م	ا	ي	ك	ا	م	ة	ص	ذ	آ	و
ر	ي	ظ	ن	ي	ب	ا	ل	ك	ي	ن	ي	ا	ذ
ا	ر	ف	ى	ت	ل	ث	ا	س	ر	ر	ظ	ط	ل
ن	ي	ف	ف	ي	ؤ	ج	و	ي	س	و	ر	ي	ا
ي	ا	و	أ	ب	ل	ى	س	ك	ف	ص	س	م	ا
ا	ا	ل	س	و	د	ا	ن	ل	ة	ر	ص	ي	ش
إ	د	آ	ز	ع	غ	إ	خ	إ	آ	ؤ	ن	ز	ا
خ	ز	س	آ	ة	ح	ن	خ	ف	ق	ش	ز	س	ع
أ	ث	ي	و	ب	ي	ا	د	ث	ق	ف	د	ل	ا
ئ	أ	ل	ب	ا	ن	ي	ا	ا	ب	ب	ت	ث	آ
ا	ل	ي	ا	ب	ا	ن	أ	ي	ر	ل	ن	د	ا
ا	ل	ي	و	ن	ا	ن	ل	ي	ب	ي	ر	ي	ا

ألبانيا
أثيوبيا
فرنسا
اليونان
هايتي
أيرلندا
جامايكا
اليابان
كينيا
لاوس
ليبيريا
المكسيك
نيبال
نيجيريا
باكستان
روسيا
السودان
سوريا
أوغندا
أوكرانيا

62 - Fahrzeuge

ش	د	ة	غ	ي	م	ح	ر	ك	ح	ف	ئ	آ	ا
ا	ر	ر	ل	ذ	ت	ا	خ	ث	ف	ا	ح	ا	ل
ح	ا	ف	ل	ة	ر	س	ل	ع	ب	ت	آ	ذ	ع
ن	ج	ز	ح	ش	و	ي	ح	إ		ر	ذ	ذ	ب
ة	ة	ك	م	س	آ	ا	آ	ق	ط	ج	س	ئ	ا
س	س	ى	ذ	ي	ت	ر	ق	ت	ا	ا	ر	ض	ر
إ	ك	س	ى	ا	ا	ة	ط	ر	ئ	ك	ر	ا	ة
ا	ط	و	ف	ر	ك	إ	ا	د	ر	ب	ت	ا	ر
إ	ظ	ش	ت	ة	س	س	ر	د	ة	ف	ر	ل	ت
خ	ى	ح	ح	ر	ي	ع	ي	غ	ب	ذ	ع	ي	ظ
ض	ب	ة	ب	ب	ص	ا	ر	و	خ	ث	ى	ا	ث
ئ	ح	و	ؤ	ث	إ	ف	ق	ا	ر	ب	خ	ة	ة
ق	ا	ف	ل	ة	ح	ظ	س	ص	ط	ط	ص	ح	ى
ه	ل	ي	ك	و	ب	ت	ر	ة	ق	ؤ	غ	ل	ج

سيارة
قارب
حافلة
دراجة
العبارة
طوف
طائرة
هليكوبتر
سيارة إسعاف
شاحنة

محرك
صاروخ
الإطارات
سكوتر
تاكسي
جرار
مترو
غواصة
قافلة
قطار

63 - Badezimmer

د	ة	س	ا	و	ي	ف	ب	ة	ح	م	ا	م	ث
ص	ك	س	ف	ص	ئ	ق	ق	خ	م	ا	م	ت	ئ
ى	ث	ح	ذ	ف	ؤ	و	ل	ا	ا	ء	ر	س	ص
ز	إ	س	ف	ن	ج	ا	ج	ا	ع	ر	آ	ج	ع
ك	غ	ح	د	و	م	ر	ح	ا	ض	ا	ة	ا	ط
ئ	إ	س	ب	ذ	ق	م	ن	ش	ف	ة	ت	د	ر
ا	إ	ح	و	و	ص	ا	ب	و	ن	خ	ك	ة	ح
ل	ذ	ز	ن	ل	ل	ل	ص	ث	ؤ	غ	ل	ج	ص
ل	ئ	ر	ئ	ج	ص	ى	آ	ى	ا	و	ل	ع	ى
ظ	إ	ش	ن	ت	ص	ط	ز	ف	ى	غ	ى	ش	ق
ذ	ط	ا	س	و	ن	ى	ق	م	ت	ص	ح	ع	ب
د	ش	م	آ	ئ	ب	ع	ق	ح	غ	ب	ج	ئ	ح
ك	إ	ب	ؤ	ك	و	م	ص	ت	ح	ش	ر	ج	ف
غ	ظ	و	ص	ل	ر	ط	ز	ا	ق	ع	ع	ح	ق

حمام
فقاعات
بخار
دش
منشفة
غسول
عطر
مقص

إسفنج
صابون
شامبو
مرآة
سجادة
مرحاض
ماء
صنبور

64 - Musikinstrumente

غ	ل	ل	ج	ط	ن	ا	ب	ك	ف	ب	ئ	ظ	ل
ج	ه	ا	ر	م	و	ن	ي	ك	ا	و	ف	ا	ب
م	ن	د	و	ل	ي	ن	ظ	ح	ط	ق	ي	ل	ا
ز	ى	ك	ى	ى	ي	ط	ب	ع	س	ب	ا	د	س
م	ر	ق	ؤ	ح	ك	ا	م	و	ظ	ي	ل	ق	و
ا	ل	ت	ر	و	م	ب	و	ن	ن	ا	م	ا	ن
ر	ح	ث	س	ظ	و	ك	ا	ا	ا	ن	ز	ت	ا
ق	ر	ع	ا	ئ	م	ص	ذ	ل	ي	و	م	ق	ق
ط	ف	ب	ك	ى	ك	ع	ز	ب	ت	س	ا	ي	و
ا	ن	ع	س	ج	ئ	ك	م	ا	ن	ش	ر	ي	س
ج	ب	د	ف	ص	غ	ي	ر	ن	ف	م	ي	ن	ي
ك	ز	ص	و	إ	ا	ص	ع	ج	ص	ز	ئ	ل	ذ
ح	ي	د	ن	م	ؤ	ص	ز	و	ذ	ز	ب	ن	و
ع	ق	ي	ث	ا	ر	ة	ض	ذ	ط	ت	ص	ؤ	ت

البانجو
التشيلو
باسون
ناي
كمان
قيثارة
الدقات
ناقوس
جنك
مزمار

بيانو
مندولين
هارمونيكا
المزمار
الترومبون
ساكسفون
قرع
دف صغير
طبل
بوق

65 - Blumen

ا	د	ب	م	ى	ط	ذ	ت	م	أ	ؤ	ش	د	ر
ل	خ	ز	ا	م	ى	خ	و	ا	ر	ى	ا	ي	ة
ف	ع	م	غ	ق	ز	ة	ل	ز	ج	ف	ل	ز	م
ا	ى	ض	ن	د	ة	آ	ي	ف	و	ل	خ	ي	ز
و	س	ق	و	و	ن	أ	ب	ط	ا	ذ	ش	ج	ن
ا	ح	م	ل	خ	خ	د	ز	ف	ن	آ	خ	و	ب
ن	ة	ح	ي	ذ	ك	ر	ظ	ه	ي	س	ا	ت	ق
ي	ا	ف	ا	ط	ع	ب	ا	د	ا	ل	ش	م	س
ا	ل	ك	ر	ك	د	ي	ه	ع	س	ر	ف	ن	ث
ن	ب	ش	ث	ص	ئ	ر	و	ي	ا	س	م	ي	ن
ر	ت	ر	ش	ف	ف	ج	ا	ر	د	ي	ن	ي	ا
ب	ل	و	م	ي	ر	ي	ا	ف	د	ح	ش	ط	ت
ى	ة	ا	ل	س	ح	ل	ب	ل	ب	ة	ن	ف	ل
ز	ه	ر	ة	ا	ل	ع	ا	ط	ف	ة	ح	س	غ

البتلة
جاردينيا
ديزي
الكركديه
ياسمين
نفل
خزامى
أرجواني
زنبق
ماغنوليا

الخشخاش
السحلب
زهرة العاطفة
الفاوانيا
بلوميريا
وردة
عباد الشمس
باقة أزهار
توليب

66 - Natur

ا	ظ	ق	ع	ك	س	ا	ك	ض	ذ	ب	ي	ظ	ن
ل	إ	ص	ئ	م	ث	ل	ج	ة	ب	غ	ح	ك	ه
ح	ح	ي	و	ي	ح	ع	م	و	ه	ا	د	ئ	ر
ي	ق	ا	ل	ن	ح	ل	ا	ي	ي	ب	ب	ت	ض
و	م	ل	ا	ذ	ح	س	ل	و	م	ة	ض	ف	ذ
ا	ل	ج	ب	ا	ل	ص	ح	ر	ا	ء	ى	إ	م
ن	ع	ر	ز	خ	ذ	ر	ا	ح	ز	ش	ز	ة	ؤ
ا	م	م	ت	ح	ر	ك	ت	آ	ك	ل	ب	ص	ى
ت	د	أ	و	ر	ا	ق	ا	ل	ش	ج	ر	ج	ظ
ا	س	ت	و	ا	ئ	ي	ى	ا	ح	ش	ي	ل	ش
ش	ش	ظ	ض	ى	غ	د	ؤ	ي	آ	ج	ض	ر	ط
ا	ل	ق	ط	ب	ا	ل	ش	م	ا	ل	ي	ح	ع
خ	ب	ش	إ	ا	ة	ئ	ج	ي	م	ق	ب	ظ	ى
ض	ض	ك	ش	ي	ط	ج	س	ي	غ	ؤ	م	ش	و

أوراق الشجر
حيوي
ضباب
جمال
مأوى
الحيوانات
استوائي
غابة
بري
صحراء

القطب الشمالي
الجبال
النحل
متحرك
تآكل
نهر
سلمي
مثلجة
ملاذ
هادئ

67 - Urlaub #2

ك	ش	ك	ت	خ	ي	ي	م	ؤ	م	و	ك	ل	ز
ق	ق	ط	ا	ر	ى	ذ	ط	ف	ط	س	ج	ك	ظ
غ	م	ذ	ل	ن	ص	ض	ا	ز	ع	ع	م	ه	ف
ص	ج	و	ا	ز	س	ف	ر	ب	م	ع	خ	ة	ة
ص	ف	ا	ل	ن	ق	ل	ق	ح	ش	ا	ط	ئ	و
ى	غ	ي	ت	ا	غ	ز	آ	ر	ل	غ	ف	ى	ص
ح	أ	ب	ر	ل	ف	ن	د	ق	و	ة	ط	ب	ج
ط	ج	غ	ف	ج	ت	ا	ك	س	ي	ع	ز	ط	غ
س	ن	ف	ي	ب	ز	س	خ	ر	ي	ط	ة	ف	ك
ط	ب	ذ	ه	ا	خ	ي	م	ة	ط	ل	ذ	ك	د
ظ	ي	ث	ك	ل	م	د	ر	ع	س	ة	ح	ل	خ
ظ	ث	ت	أ	ش	ي	ر	ة	ة	م	و	و	ل	آ
ص	ك	ئ	ش	ف	آ	س	ق	ج	ر	ئ	ث	إ	ي
ي	ظ	ض	غ	ؤ	ع	ر	م	ك	ي	ظ	ذ	ك	ب

أجنبي
الجبال
تخييم
مطار
الترفيه
فندق
جزيرة
خريطة
بحر
جواز سفر

رحلة
مطعم
شاطئ
تاكسي
النقل
عطلة
تأشيرة
خيمة
وجهة
قطار

68 - Zirkus

غ	ق	ص	ط	ت	د	س	ا	ش	و	ج	إ	د	ث
غ	م	و	ك	ب	ع	ا	ل	م	ش	ا	ه	د	و
ض	ذ	ع	ر	ض	آ	ح	م	آ	ز	ن	م	ر	ح
ب	ه	ل	و	ا	ن	ر	ش	و	ي	ن	آ	ط	ع
ا	ل	ف	ي	ل	أ	س	د	ب	س	ك	ش	ب	ر
ا	ل	ح	ي	و	ا	ن	ا	ت	ج	ي	ف	ذ	آ
ج	ل	غ	ي	ة	ط	ئ	ظ	ط	غ	ح	ق	ر	د
ج	ق	م	ي	ن	ا	ي	ظ	إ	س	ش	ي	ى	ا
ذ	غ	ه	ح	ص	ح	ع	ك	آ	خ	ن	ص	ل	ز
ى	و	ر	غ	ت	ر	ف	ي	ه	ي	ض	ى	ظ	ة
ص	ز	ج	ض	ذ	ا	ي	ص	آ	م	ل	م	غ	ر
ب	ص	ض	ج	ك	ص	ل	ي	م	ة	ج	ي	ن	م
ث	ا	ع	ؤ	ر	ظ	و	ق	ج	ذ	ك	خ	ط	ف
ص	غ	ة	ض	ة	ة	ؤ	ح	م	س	ح	ر	غ	ي

موكب
مذهل
الحيوانات
نمر
حيلة
ترفيه
ساحر
عرض
خيمة
المشاهد

قرد
بهلوان
مهرج
الفيل
تذكرة
المحتال
زي
أسد
سحر
موسيقى

69 - Barbecues

ص	ي	ط	ي	س	ض	ج	ج	ا	آ	ي	خ	ن	ش
ؤ	س	ظ	و	آ	م	أ	و	ق	ل	آ	ض	د	ل
ص	ح	إ	غ	ئ	و	ل	ع	ك	ر	ش	ر	خ	ث
إ	ى	ن	ز	ج	س	ع	ش	د	ح	ؤ	و	ر	ت
ف	ل	ف	ل	ي	ي	ا	د	ج	ص	ب	ا	ك	ك
س	غ	ط	ب	خ	ق	ب	ص	ا	ي	ل	ت	ف	أ
و	ص	د	ض	ط	ى	ز	ق	ج	ف	ع	ص	ك	س
ذ	ض	ا	ا	ل	س	ل	ط	ا	ت	ش	ف	ة	ر
ص	ص	ى	د	ء	ك	ك	م	ت	ف	ا	ك	ه	ة
ز	ش	ش	ع	ذ	ا	ث	ل	ف	خ	ء	ش	ؤ	ز
ث	ث	ث	ص	م	ك	ص	ح	ض	آ	ف	ج	غ	ب
س	د	ش	و	ا	ي	ة	ث	آ	ا	ر	آ	خ	ئ
آ	ص	ف	د	ق	ن	ا	ل	أ	ط	ف	ا	ل	ئ
ض	ب	ع	آ	م	ة	ز	آ	ح	ا	ر	ن	ز	ض

طبخ
سكاكين
غداء
موسيقى
فلفل
السلطات
ملح
صيف
صلصة
ألعاب

عشاء
أسرة
فاكهة
الشوك
خضروات
شواية
حار
دجاج
جوع
الأطفال

70 - Küche

آ	ز	و	ع	ا	ء	إ	س	ط	ذ	ث	ر	ث	ة
ض	و	ئ	ص	غ	ل	س	أ	ك	و	ا	ب	ر	ل
م	ب	ل	ت	ف	آ	ف	ر	ن	ا	ل	ش	و	ك
ض	ث	ل	ا	ج	ة	ن	ة	ت	ل	ك	د	ض	ة
ط	ة	إ	ف	خ	ل	ج	ص	ا	م	ى	ي	م	ا
ظ	غ	د	غ	ن	ؤ	ا	ذ	ل	ل	ظ	ر	ن	ح
غ	ل	ا	ي	ة	ن	ز	ط	ح	ا	ظ	ك	د	و
ل	ت	و	ظ	م	ف	ي	ج	ب	ع	س	ص	ي	ز
ش	م	ط	إ	ر	ز	ح	إ	ض	ق	ص	إ	ل	ش
ت	و	ع	ب	ع	ح	ت	ى	ز	ئ	ة	و	خ	ؤ
و	ق	ا	ر	إ	ص	غ	إ	م	ؤ	م	ج	م	د
ا	ز	م	ي	ق	ؤ	ط	د	ف	ض	ئ	و	خ	ى
ب	ذ	ظ	ق	ة	ع	ي	د	ا	ن	ز	ي	س	ص
ل	ب	ة	ئ	ذ	م	غ	ر	ف	ة	ر	س	إ	آ

طعام
عيدان
الشوك
مجمد
توابل
شواية
مغرفة
إبريق
ثلاجة
الملاعق

سكاكين
فرن
وصفة
مئزر
وعاء
إسفنج
منديل
أكواب
غلاية

71 - Schach

و	ظ	ق	ز	ل	ع	ب	ه	خ	ا	ئ	و	ؤ	غ
ا	ك	و	ذ	ك	ي	ؤ	ئ	ت	ل	ئ	ى	م	ى
م	ن	ا	ف	س	ة	ت	ت	ل	خ	ذ	خ	ع	ن
ل	م	ع	ل	ل	ا	ؤ	ع	و	ص	ص	ض	خ	إ
ك	س	د	ئ	ا	ل	و	ذ	ل	م	ب	ق	و	س
ر	ا	إ	إ	ك	ن	ض	آ	ع	م	ش	ط	ق	ت
ؤ	ب	ب	ي	ث	ق	آ	م	ى	ل	د	ر	ل	ر
ن	ق	ظ	خ	ط	ا	ظ	إ	ث	ك	إ	ي	ن	ا
ر	ة	ث	ظ	أ	ط	ؤ	ج	ط	ة	ح	ا	ب	ت
ل	ل	ا	ع	ب	س	ا	ل	و	ق	ت	ش	ب	ي
ص	ث	ب	س	ي	ب	و	ك	ج	ب	ؤ	د	ة	ج
ي	ف	ش	ئ	ض	ة	ع	د	س	ى	ا	ة	ض	ي
م	ب	ن	ي	ل	ل	م	ج	ه	و	ل	ع	ئ	ة
ت	ض	ح	ي	ة	خ	ة	ا	س	ض	ذ	ح	إ	إ

بطل
قطري
الخصم
ذكي
ملك
ملكة
ليتعلم
تضحية
مبني للمجهول
النقاط
قواعد
أسود
لعبه
لاعب
إستراتيجية
مسابقة
أبيض
منافسة
الوقت

72 - Erhaltung

ا	ص	ئ	ح	ل	ب	ذ	ة	م	ب	ق	إ	ا	ا
ض	ش	د	ف	د	ت	ا	ؤ	ن	ح	و	ع	ل	ل
و	ى	ع	ط	آ	ط	ص	د	ا	إ	ن	ا	م	ن
ف	د	آ	ج	ب	خ	ف	ض	خ	ؤ	د	د	و	ظ
م	و	ا	د	ك	ي	م	ي	ا	ئ	ي	ة	ئ	ا
ب	ر	ل	ض	ؤ	ؤ	ع	ن	ل	م	ا	ا	ل	م
ي	ة	ب	م	ا	ء	ح	ي	ت	س	خ	ل	ؤ	ا
د	و	ي	ت	ى	ؤ	ع	س	ل	ت	ؤ	ت	ى	ل
ا	ؤ	ئ	ع	أ	س	ى	ي	و	د	م	د	ج	ب
ل	ط	ة	ل	خ	ظ	ؤ	م	ث	ا	ض	و	ط	ي
آ	ض	ب	ي	ض	ع	ض	و	ي	م	ل	ي	د	ئ
ف	خ	م	م	ر	م	ت	ط	و	ع	ى	ر	ق	ي
ا	ل	ص	ح	ة	و	ح	ا	ج	ى	د	ث	ل	ع
ت	ت	ك	إ	غ	إ	م	ؤ	ى	س	ع	ذ	ذ	إ

تعليم
مواد كيميائية
متطوع
الصحة
أخضر
مناخ
الموئل
مستدام
طبيعي

عضوي
النظام البيئي
مبيد الأفات
إعادة التدوير
خفض
البيئة
التلوث
ماء
دورة

73 - Geographie

خ	ج	ذ	ف	أ	م	ن	ط	ق	ة	خ	ش	ا	م
م	ط	ق	ؤ	ط	د	ه	ث	آ	ب	ط	ك	ل	د
ح	ي	ا	ي	ل	ي	ر	ش	ر	ت	ا	م	ع	غ
ي	ج	ر	ل	س	ن	د	ر	ر	ي	ل	د	ا	ذ
ط	و	ة	ي	ط	ة	ت	ت	خ	ع	ع	ث	ل	ى
ب	إ	ي	ش	د	و	ش	و	ط	غ	ر	ب	م	ي
س	ب	ح	ر	م	ي	ل	إ	ا	إ	ض	ط	ي	ق
د	ص	ر	و	ئ	ا	ا	ى	ل	ن	ل	ت	ة	ث
ق	ب	ؤ	ل	ط	خ	ل	ن	ا	ر	ت	ف	ا	ع
س	ل	ف	ك	ر	ر	ك	ط	س	و	ف	ت	ب	آ
ع	د	ن	ج	ز	ي	ر	ة	ت	ى	ج	آ	ج	ذ
ذ	ر	ى	ب	إ	ط	ة	ذ	و	ط	ط	ظ	ت	ت
م	ج	خ	ل	ي	ة	ط	ظ	ا	آ	ت	ظ	ى	ك
ث	ص	ت	ل	ث	ق	ط	ئ	ء	ن	ف	ر	ق	ش

أطلس
خط الاستواء
جبل
خط العرض
نهر
كرة
ارتفاع
جزيرة
خريطة
قارة

بلد
خط الطول
بحر
ميريديان
شمال
محيط
منطقة
مدينة
العالمية
غرب

74 - Zahlen

ب	ك	ث	ل	إ	ق	خ	ظ	ا	خ	ا	و	ث	ث
ت	س	ع	ة	ع	ش	ر	م	ث	غ	ش	ع	م	ل
س	إ	ب	ش	ش	ث	آ	خ	س	ص	ل	ش	ا	ا
ع	ث	س	ط	ر	ق	ج	ص	س	ة	ت	ر	ن	ث
ة	ى	ت	ش	و	ي	ث	ض	ض	آ	ع	ة	ي	ة
ذ	ث	م	ا	ن	ي	ة	ع	ش	ر	آ	ش	ة	ع
ة	س	ت	ة	م	آ	ب	آ	ز	ص	ف	ر	ر	ش
س	ب	ع	ة	ع	ش	ر	أ	ك	ئ	و	ط	ح	ر
خ	ا	ث	ن	ا	ع	ش	ر	د	ع	س	ن	ذ	ج
ئ	ن	ج	ظ	م	ى	ق	ب	آ	خ	إ	ب	ب	ن
ث	ل	ا	ث	ة	ؤ	ي	ع	ى	ؤ	ظ	ح	ع	إ
س	ج	ظ	ز	خ	م	س	ة	ا	ث	ن	ا	ن	ة
ب	و	ش	ل	س	ت	ة	ع	ش	ر	ت	ى	س	ع
ش	ش	ت	أ	ر	ب	ع	ة	ع	ش	ر	ت	إ	ش

ثمانية
ثمانية عشر
عشري
ثلاثة
ثلاثة عشر
خمسة
خمسة عشر
تسعة
تسعة عشر
صفر

ستة
ستة عشر
سبعة
سبعة عشر
أربعة
أربعة عشر
عشرة
عشرون
اثنان
اثنا عشر

75 - Kunst Liefert

ا	ا	ل	أ	ف	ك	ا	ر	ف	ر	ش	ق	ث	ش
ل	ل	ؤ	ث	ح	ح	خ	أ	ع	ظ	ك	ج	ة	ج
أ	ح	ت	م	م	ح	ا	ة	ك	ا	م	ي	ر	ا
ل	ا	ث	غ	ف	ي	ك	م	إ	ر	ك	ف	ت	ذ
و	م	ا	ب	ي	إ	ر	ز	إ	م	ي	ط	ي	ن
ا	ل	ف	م	م	د	س	ؤ	ب	ق	ط	ل	ل	ك
ن	ر	ث	ط	ح	ى	ي	ة	د	ج	ن	ل	ي	م
ر	ر	ط	ذ	ز	و	ث	إ	ا	ت	غ	ز	ئ	ك
ز	ت	م	ا	ل	غ	ر	ز	ع	د	ر	م	ل	ق
ب	آ	غ	ث	و	ا	ص	ق	إ	ت	خ	ح	ع	ض
ج	ن	ف	ط	ظ	ل	م	ا	ء	ث	ك	ى	ق	ع
غ	ج	ث	ب	ف	م	ة	ب	ؤ	و	ح	ب	ر	ئ
أ	ق	ل	ا	م	ا	ل	ر	ص	ا	ص	ت	ل	ؤ
ن	ؤ	ذ	ق	ا	ق	ص	م	غ	ئ	د	ي	ع	ط

أكريليك
أقلام الرصاص
فرش
الألوان
فحم
الأفكار
كاميرا
إبداع
صمغ
نفط
ورق
ممحاة
الحامل
كرسي
طاولة
حبر
طين
ماء

76 - Tage und Monate

س	ب	ت	م	ب	ر	ث	س	خ	ة	أ	إ	ا	ض
آ	ب	ق	ج	م	ل	ئ	ي	د	ض	س	و	ل	ص
ف	ن	و	ف	م	ب	ر	و	ي	د	ب	ب	ا	ذ
ت	ض	ي	ط	ض	ئ	ف	ل	و	ي	و	ا	ث	ش
ا	ي	م	إ	ي	ؤ	أ	ي	ن	س	ع	ل	ن	ن
ل	ن	غ	ؤ	ز	س	غ	و	ي	م	أ	أ	ي	إ
س	ا	ل	خ	م	ي	س	ا	و	ب	ك	ر	ن	ت
ب	ي	ج	س	ك	غ	ط	ل	آ	ر	ت	ب	ر	ظ
ت	ر	ص	ض	م	د	س	ث	ش	ى	و	ع	ح	س
ا	ل	ج	م	ع	ة	ن	ل	ا	ه	ب	ا	م	و
ف	ث	ر	ج	و	ص	ة	ا	ح	ل	ر	ء	ظ	إ
ئ	ؤ	ج	ع	ك	د	آ	ث	إ	س	أ	ج	ؤ	ا
ط	خ	س	م	ق	ظ	ا	ا	ع	آ	ض	ح	ف	ؤ
ف	ب	ر	ا	ي	ر	ن	ء	س	ص	ط	ي	د	س

أغسطس
ديسمبر
الثلاثاء
الخميس
فبراير
الجمعة
سنة
يناير
يوليو
يونيو

تقويم
الأربعاء
شهر
الاثنين
نوفمبر
أكتوبر
السبت
سبتمبر
الأحد
أسبوع

77 - Piraten

ل	غ	ع	ظ	ف	ل	ث	ع	ت	ع	ف	ر	ع	آ
ة	إ	ت	خ	ة	م	م	و	ع	ل	ي	ي	م	ل
ق	ح	ط	إ	ض	ط	ر	خ	ؤ	م	ي	ث	ل	ة
ك	ح	ى	ا	ء	ا	غ	ب	ب	ن	ت	ب	ا	ك
ض	ك	ؤ	ذ	ر	ق	ئ	ط	ش	ج	خ	ق	ت	م
ب	ه	ذ	و	ن	م	ل	ة	ا	س	ر	م	م	ل
و	ف	ج	ك	و	ص	ث	آ	ط	ي	م	ن	ع	ط
ص	ى	ي	ئ	ج	ك	ت	س	ئ	ف	ة	د	د	أ
ل	ق	ن	م	ن	ج	ل	ع	ط	ؤ	م	ب	ن	س
ة	ا	ث	إ	ر	ا	ز	خ	ظ	ؤ	غ	ة	ي	ط
ث	ث	ح	ة	ب	ر	ط	ن	ف	ث	ا	ء	ة	و
ئ	ن	ؤ	خ	ى	ر	ك	ر	ي	ش	م	ظ	ب	ر
ة	ر	ي	ز	ج	ن	آ	ض	ة	ل	ر	ن	ذ	ة
ع	م	و	ز	ز	ة	ط	ي	ر	خ	ة	ذ	و	ق

بوصلة
أسطورة
عملات معدنية
ندبة
ببغاء
رم
كنز
سيء
سيف
شاطئ

مغامرة
مرساة
طاقم
علم
خطر
ذهب
كهف
جزيرة
كابتن
خريطة

78 - Emotionen

م	ه	ف	س	غ	غ	إ	ظ	ن	ى	غ	س	ل	ا
ل	ب	د	ذ	ح	ض	م	ف	ا	ج	أ	ة	ت	ب
ل	إ	م	و	ر	ب	م	ر	ح	ن	ا	ن	ط	خ
خ	و	ف	م	ء	ز	ت	ح	آ	ؤ	ث	ق	ر	ف
ي	غ	ض	ع	ي	ذ	ح	ض	ت	ق	ذ	د	ا	إ
ص	س	ظ	ح	ز	ن	م	ع	ل	و	ح	ب	ض	ت
ا	ا	ح	ف	ت	خ	س	ف	ت	ط	ى	ا	ا	م
ئ	ت	ا	ب	غ	د	ث	د	س	ر	س	ن	د	ج
ؤ	ص	ل	إ	ب	ف	و	إ	ؤ	ج	ل	ئ	ش	ن
ا	ك	ع	ق	ا	ج	ذ	ي	ش	ا	ا	ل	ض	ث
ؤ	ص	ش	ج	ض	ة	ج	ا	ض	ل	م	ح	ر	ج
ع	ح	ا	ل	ه	د	و	ء	ج	ل	ى	ي	م	ك
ؤ	ق	ك	ف	آ	ص	ل	ع	غ	ط	ق	ل	ل	ظ
ا	ل	ر	ل	ج	ك	ذ	ت	ص	ف	ا	ذ	ث	آ

خوف
متحمس
محرج
شاكر
مرح
اللطف
سلام
محتوى
ملل

حب
الهدوء
هدوء
ميل
حزن
مفاجأة
غضب
حنان
راض

79 - Zu Füllen

و	س	خ	ز	ح	و	ض	س	ز	ل	ذ	ؤ	ج	ح
د	ل	و	ج	ز	ج	ت	ل	ه	ص	ب	ا	ؤ	ق
ب	ى	ف	ا	م	ز	ي	ة	ر	م	غ	ل	ف	ي
ب	ى	ز	ج	ة	ز	ج	ب	ي	ظ	ى	د	ن	ب
آ	ض	آ	ة	د	ص	م	ي	ة	ذ	د	ر	ي	ة
ق	س	ج	ق	ى	د	ج	ط	ؤ	ا	ل	ج	آ	س
ا	س	إ	ص	س	أ	غ	ك	ط	ل	ز	و	د	ف
ك	ر	ت	و	ن	ن	م	د	ؤ	ل	ف	ظ	م	ر
ع	ل	ب	ة	ؤ	ب	ل	ق	ب	ذ	ك	خ	ن	ؤ
ع	ب	ط	ر	إ	و	ج	ى	ذ	ص	و	ك	ى	ئ
س	م	ح	ظ	م	ب	ج	ر	ة	خ	ع	ث	م	ي
ص	ي	ن	ي	ة	ي	ك	و	ق	ر	ا	ؤ	ظ	ث
ك	و	غ	إ	خ	إ	ل	ح	غ	ف	ء	ئ	ع	ج
م	ج	ل	د	خ	ئ	ذ	ز	غ	ح	ص	ؤ	ل	خ

حوض
علبة
دلو
برميل
زجاجة
كرتون
قفص
حقيبة سفر
سلة
جرة

مجلد
حزمة
أنبوب
وعاء
الدرج
صينية
جيب
مغلف
زهرية

80 - Surfen

ة	م	ى	ق	ز	ن	م	ط	ق	س	ز	ظ	م	ئ
ش	ت	م	و	ؤ	ذ	ر	ح	ج	ب	ؤ	ص	ن	ط
ن	ط	ب	ة	ش	ا	ط	ئ	ت	ج	ط	ئ	ا	ر
خ	ر	ت	ن	ح	ل	ن	خ	ى	ق	ض	ل	ل	ش
ؤ	ف	د	ط	ئ	ر	ل	ص	ا	غ	ظ	م	ح	ج
ع	ح	ئ	ط	ح	س	ل	س	ي	ر	خ	ي	ش	ق
ي	ل	ك	ز	ث	ز	س	ظ	ب	ظ	ا	ذ	و	ة
آ	ئ	ب	ز	ش	ى	م	ر	ح	ا	ص	ى	د	إ
ق	ت	ظ	ى	ع	ي	ش	ش	ع	ا	ح	و	ض	غ
آ	ب	م	غ	ب	ة	ر	غ	و	ة	ة	ة	ؤ	ي
ت	ة	ث	ذ	ي	ى	ي	خ	آ	إ	ق	ر	ذ	م
م	ح	ي	ط	ح	ئ	ا	ل	م	ع	د	ة	ر	م
ذ	ز	ف	ل	ح	ي	ض	ذ	ة	ش	م	ط	ي	ق
م	ج	د	ا	ف	ز	ي	م	و	ج	ة	ط	آ	د

رغوة
للسباحة
مرح
رش
قوة
نمط
شاطئ
موجة
طقس

مبتدئ
رياضي
شعبي
بطل
متطرف
سرعة
المعدة
الحشود
محيط
مجداف

81 - Kräuterkunde

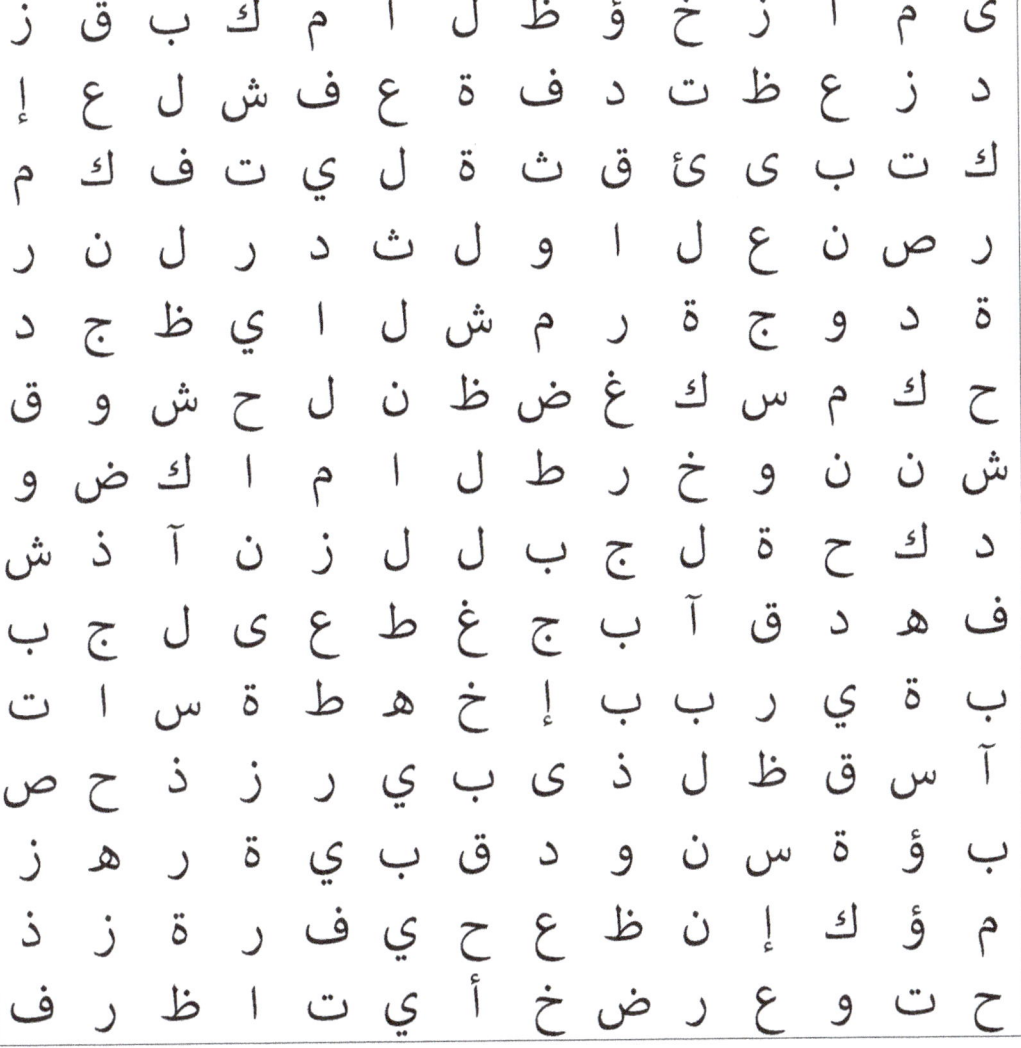

ز	ق	ب	ك	م	آ	ل	ظ	ؤ	خ	ز	ا	م	ى
إ	ع	ل	ش	ف	ع	ة	ف	د	ت	ظ	ع	ز	د
م	ك	ف	ت	ي	ل	ة	ث	ق	ئ	ى	ب	ت	ك
ر	ن	ل	ر	د	ث	ل	و	ا	ل	ع	ن	ص	ر
د	ج	ظ	ي	ا	ل	ش	م	ر	ة	ج	و	د	ة
ق	و	ش	ح	ل	ن	ظ	ض	غ	ك	س	م	ك	ح
و	ض	ك	ا	م	ا	ل	ط	ر	خ	و	ن	ن	ش
ش	ذ	آ	ن	ز	ل	ل	ب	ج	ل	ة	ح	ك	د
ب	ج	ل	ى	ع	ط	غ	ج	ب	آ	ق	د	ه	ف
ت	ا	س	ة	ط	ه	خ	إ	ب	ب	ر	ي	ة	ب
ص	ح	ذ	ز	ر	ي	ب	ى	ذ	ل	ظ	ق	س	آ
ز	ه	ر	ة	ي	ب	ق	د	و	ن	س	ة	ؤ	ب
ذ	ز	ة	ر	ف	ي	ح	ع	ظ	ن	إ	ك	ؤ	م
ف	ر	ظ	ا	ت	ي	أ	خ	ض	ر	ع	و	ت	ح

الطهي
خزامى
مردقوش
بقدونس
جودة
إكليل الجبل
زعفران
زعتر
مفيد
العنصر

عطري
ريحان
زهرة
شبت
الطرخون
الشمرة
حديقة
نكهة
أخضر
ثوم

82 - Tugenden #1

م	س	ق	ح	ح	ى	ل	ة	ق	ط	آ	خ	ظ	ة
و	ؤ	خ	ث	إ	ي	آ	ر	ى	غ	ي	ح	س	ن
ث	ف	ك	إ	ا	ز	ت	م	م	ب	ف	ي	إ	ت
و	ك	ئ	ر	ر	ؤ	م	ض	ن	ظ	ي	ف	ئ	ؤ
ق	د	م	ع	ا	ط	ف	ي	م	خ	ن	ئ	ن	ن
ب	ش	ظ	م	ف	ي	د	ؤ	م	ا	ص	ب	و	ر
ه	ؤ	ا	ل	ت	ز	ح	س	ح	ك	ي	م	ز	ظ
ا	ج	ع	ي	ة	و	ق	ظ	ا	ك	ر	ي	م	ن
م	ض	ح	ك	ل	خ	ا	ف	ث	ح	ب	ذ	ح	ع
م	ئ	ث	ص	س	ا	ج	ض	ث	ط	ر	ك	ا	ت
د	س	م	ب	ف	ن	ي	و	ع	م	ل	ي	س	ط
إ	د	ت	إ	ل	ت	ص	ل	ى	ى	ن	م	م	ث
ؤ	ح	خ	ق	غ	ب	ي	ي	ق	س	ت	ى	ذ	ب
ئ	ح	ق	ز	ل	ط	ق	س	ى	ف	ع	ا	ل	ة

متواضع
ساحر
فعالة
حاسم
صبور
كريم
حسن
مفيد
ذكي

مضحك
فني
عاطفي
فضولي
عملي
نظيف
مستقل
حكيم
موثوق بها

83 - Aktivitäten und Freizeit

م	ص	ي	د	ا	ل	س	م	ك	ا	ط	ك	ث	س
ذ	ؤ	ز	ذ	ة	ج	ئ	ج	و	ل	ث	ر	س	ب
ئ	إ	ق	ز	ق	ش	غ	و	ش	ت	ل	ة	د	ك
ك	ؤ	آ	ؤ	ج	ظ	ر	ل	و	س	ب	ا	ق	ر
غ	ا	ل	ل	و	ح	ة	ف	د	و	ا	ل	ق	ة
م	ل	ا	ك	م	ة	د	ؤ	ف	ق	ل	س	ف	ا
ن	غ	ب	م	ب	ط	ش	ل	ذ	ن	ه	ل	ف	ل
ا	و	ذ	خ	ش	خ	ف	ع	س	ع	و	ة	ا	ق
ل	ص	ب	ي	س	ب	و	ل	س	ن	ا	م	ن	د
س	ت	ن	س	ف	ى	إ	ث	ح	ى	ي	ت	ش	م
ف	ب	ي	ف	ت	خ	ي	ي	م	ط	ا	ت	ز	ؤ
ر	ث	ا	ط	آ	ن	ف	خ	ئ	س	ت	ص	ف	ح
ي	و	و	ح	ج	ط	ة	ط	خ	إ	ل	آ	ؤ	ا
ى	ف	ز	و	ة	ا	ل	ا	س	ت	ر	خ	ا	ء

صيد السمك
بيسبول
كرة السلة
ملاكمة
تخييم
التسوق
الاسترخاء
كرة القدم
بستنة
اللوحة

جولف
الهوايات
فن
السفر
سباق
سباحة
تصفح
الغوص
تنس

84 - Formen

ة	ن	ا	و	ط	س	ا	ع	ل	ض	م	ش	ا	ق
ب	ي	غ	م	إ	ح	ت	ظ	ئ	ك	خ	م	ر	ه
ش	ب	خ	ت	إ	ى	ق	س	ع	خ	ر	ق	ل	ا
إ	ج	غ	ي	ف	ا	و	ب	س	ط	و	ى	ي	ئ
ك	ز	ك	د	ئ	ا	ز	ل	ا	ع	ط	ق	ل	ا
ى	ن	ح	ن	م	ل	ي	ط	ت	س	م	و	ظ	ث
ض	و	و	د	ر	ج	ش	ش	س	س	و	س	ذ	ا
ث	ز	ا	ؤ	ب	ا	ة	ة	ت	ن	ش	ب	ب	ز
س	آ	ف	ض	ع	ن	غ	د	ة	إ	و	ع	ف	ن
ر	ض	ط	ع	ى	ب	ي	ت	ؤ	ت	ر	ظ	س	م
ا	ع	ف	د	ا	ر	ز	ط	ك	ف	ى	ك	و	ث
م	ز	ج	و	ظ	ي	و	ا	ض	ي	ب	ل	ا	ل
ة	د	د	ئ	ذ	آ	ع	ط	و	ا	ص	ى	ف	ث
ف	ب	ص	ذ	ك	ة	ر	ئ	ا	د	ص	ن	ك	ر

قوس
مثلث
ركن
القطع الزائد
حواف
مخروط
دائرة
منحنى
خط
البيضاوي

مضلع
موشور
هرم
مربع
مستطيل
مستدير
الجانب
مكعب
اسطوانة

85 - Adjektive #2

و	م	س	ؤ	و	ل	ص	ش	ص	م	ش	و	ق	ف
م	ص	ا	ل	ح	ل	ل	أ	ك	ل	ص	ح	ي	خ
ش	خ	ف	د	ر	ا	م	ا	ت	ي	ك	ي	م	و
س	م	ف	ي	ن	ق	ظ	ك	ج	و	س	غ	خ	ر
ي	م	ن	ر	ن	ث	ذ	ى	د	ط	أ	ص	ل	ي
ق	ش	ض	ي	ر	م	ج	ق	ق	ا	ض	ى	ا	إ
ا	ه	ن	آ	ي	ض	س	م	و	ط	ا	ظ	ق	ل
ف	و	ز	د	ض	ة	ض	ق	ي	م	و	ز	ب	ش
ب	ر	ي	إ	ؤ	و	ن	إ	ذ	غ	س	د	ث	ط
م	ا	ل	ح	ن	غ	ب	ب	خ	ع	ش	ي	خ	ب
ح	ع	ظ	ر	ي	ت	ج	ا	ع	آ	ا	إ	أ	ي
ط	ا	ز	ج	ر	ط	ا	ل	ج	د	ي	د	ن	ع
ك	و	و	ح	غ	د	ئ	ج	آ	خ	ك	ض	ي	ي
ب	د	ق	ب	ص	س	ع	ة	ي	غ	ض	غ	ق	ع

أصلي
مشهور
وصفي
دراماتيكي
أنيق
صالح للأكل
طازج
صحي
جائع
مشوق

خلاق
طبيعي
الجديد
عادي
إنتاجي
مالح
قوي
فخور
مسؤول
بري

86 - Kleidung

ف	ت	إ	ث	د	س	س	ت	ر	ة	س	و	ا	ر
م	س	ع	خ	ز	ث	ر	ز	ق	ل	ب	م	خ	د
ع	ع	ت	ت	ى	م	و	ض	ة	ك	ك	ح	ع	ط
ط	ك	ث	ا	ق	ف	ا	ز	ا	ت	ن	و	ر	ة
ف	ة	م	ح	ن	ق	ل	ا	د	ة	ن	ق	ر	ق
و	ش	ا	ح	ح	ظ	ع	و	ز	ص	ث	ب	ل	م
ق	ف	ط	ز	و	ذ	ف	ل	ف	ق	ى	ع	ى	ي
ث	س	ق	ا	ى	ل	ا	ل	س	ت	ر	ة	ر	ص
ل	ش	ذ	م	ر	ب	ئ	ء	آ	غ	إ	إ	ظ	ؤ
م	ج	و	ه	ر	ا	ت	ض	س	ذ	إ	ى	ئ	و
ز	ئ	ي	ج	ص	س	ض	ا	م	ب	ل	و	ز	ة
ث	ت	ث	ن	ة	ن	م	ئ	ز	ر	ق	ث	ة	ق
ك	م	ة	د	ز	و	ش	ط	ر	ج	ح	خ	ذ	س
ص	ذ	ة	ش	ن	م	ا	ض	ت	ز	غ	ض	خ	ج

سوار
بلوزة
حزام
قلادة
قفازات
قميص
سروال
قبعة
السترة
جينز

فستان
معطف
موضة
سترة
تنورة
وشاح
لباس نوم
مجوهرات
حذاء
مئزر

87 - Sommer

ى	ك	و	خ	ا	ص	ح	ا	ب	ا	و	ئ	س	ت
د	ص	ذ	و	س	ل	ص	ا	ك	ن	ل	ظ	ظ	ث
غ	ذ	ي	إ	ت	ن	ن	إ	ل	م	ئ	غ	ؤ	د
ج	و	آ	غ	ر	ا	ا	ج	ث	ت	خ	ق	و	ض
ر	ظ	ل	ة	خ	آ	د	ى	و	ص	ر	ط	ب	ص
ظ	ق	ط	ع	ا	م	ل	م	س	م	ذ	ف	ؤ	ل
م	ر	ح	و	ء	خ	ل	د	ص	و	ك	ى	ي	ة
ق	ص	ض	ف	ا	ل	س	ف	ر	س	ر	ؤ	س	ه
أ	ل	ع	ا	ب	س	ب	ح	ر	ي	ي	ش	ذ	غ
ا	ل	ك	ت	ب	ؤ	ا	د	ح	ق	ا	ا	ب	ش
أ	س	ر	ة	س	آ	ح	ي	ر	ى	ت	ط	خ	ز
ع	ط	ل	ة	آ	ع	ة	ق	ث	ة	ث	ئ	ر	ز
ي	ث	و	ن	ظ	ر	ج	ة	ص	ز	آ	د	د	ل
خ	س	إ	ل	ظ	ا	ش	و	ص	ت	خ	ي	ي	م

الكتب
تخييم
استرخاء
ذكريات
طعام
أسرة
الترفيه
مرح
اصحاب
حديقة

بحر
موسيقى
السفر
صنادل
للسباحة
ألعاب
النجوم
شاطئ
الغوص
عطلة

88 - Farben

ظ	ب	ز	ذ	و	آ	أ	ح	م	ر	س	ف	ر	ك
ق	ي	ن	ث	ى	د	ز	د	ر	ا	ة	خ	ف	ك
ل	ج	ك	ي	إ	ى	و	ر	د	ي	ك	ة	م	ا
س	ؤ	ذ	ؤ	د	ب	ر	م	ا	د	ي	ز	ذ	ز
ط	ي	ط	ا	ق	ا	ئ	غ	ش	م	ب	ص	ص	ى
أ	س	و	د	س	ة	ك	ج	ظ	ب	ض	ح	ل	ؤ
ص	ز	ق	ط	ح	ف	ن	ن	ف	و	ش	ي	ا	ب
ف	ب	ر	ت	ق	ا	ل	ي	ي	ظ	ج	ة	ش	ن
ر	ق	م	ق	ي	غ	ت	آ	ل	أ	خ	ض	ر	ف
ق	ش	ز	ي	ت	ب	ض	ض	ئ	ي	آ	ي	ذ	س
أ	ب	ي	ض	ط	ى	خ	ا	ب	ن	ي	ظ	ن	ج
أ	ر	ج	و	ا	ن	ي	ر	ص	إ	ف	ط	ذ	ؤ
ي	ض	ا	ز	ر	ق	س	م	ا	و	ي	آ	ق	ي
ي	ز	ئ	ث	ك	م	غ	ج	ص	ف	س	ص	ا	خ

أزور
بيج
أزرق
بني
فوشيا
أصفر
رمادي
أخضر
نيلي
أرجواني

برتقالي
قرمزي
وردي
أحمر
أسود
بني داكن
بنفسج
أبيض
ازرق سماوي

89 - Haus

ى	د	ض	ض	ز	م	ك	ن	س	ة	غ	ر	ف	ة
ن	ش	ق	ص	ط	ح	ر	د	ز	ق	ر	ئ	ز	ك
إ	ت	ح	ي	ف	ح	ا	ئ	ط	و	ف	س	ا	إ
ض	ة	ل	إ	و	ش	ج	و	ط	ي	ة	ت	ص	ت
ب	ض	ت	ج	غ	ف	ك	ل	ف	م	ن	ط	ا	ى
ش	آ	ح	م	و	م	ب	إ	إ	ى	و	و	ج	س
ذ	ش	ج	ح	ش	ب	ب	ث	ق	ح	م	ز	ي	س
م	د	ف	أ	ة	ا	ب	ح	ى	م	س	ذ	أ	و
د	ص	ة	م	س	ب	م	م	آ	ك	ة	ي	ث	ط
خ	ن	ب	ف	ل	ظ	ر	ع	إ	ت	ث	م	ا	غ
ن	ا	ض	ا	س	ى	آ	ي	ك	ب	س	ة	ث	ج
ة	ف	إ	ت	ح	ي	ة	س	ز	ة	ع	ل	ب	ه
ع	ذ	ج	ي	غ	ت	ج	ش	ض	م	ط	ب	خ	ة
ت	ة	ز	ح	د	ي	ق	ة	ر	ت	د	ع	ت	إ

مصباح
أثاث
غرفة نوم
مفاتيح
مدخنة
مرآة
باب
حائط
سياج
غرفة

مكنسة
مكتبة
سقف
علبه
دش
نافذة
كراج
حديقة
مدفأة
مطبخ

90 - Bauernhof #1

ع	ر	ؤ	و	ث	ظ	ع	ف	س	ح	آ	د	ع	ق
ا	ك	ص	ي	ص	ح	ل	س	ت	ق	م	ج	ج	ث
ة	ل	ل	ا	ر	غ	ج	ح	ل	ل	ا	ا	ل	ى
ط	ب	أ	ب	ق	ر	ة	ك	آ	ت	ء	ج	ر	س
م	ن	آ	ر	ط	ا	ق	خ	ج	آ	غ	ح	ط	م
ا	ة	ب	ش	ض	ب	ئ	ح	ز	ر	ا	ع	ة	ا
ع	إ	ص	ز	ب	ى	خ	ص	ش	س	آ	ظ	ب	د
ز	ط	ل	م	ئ	ث	ن	ا	ؤ	ي	ع	ف	إ	ت
د	ن	ى	ف	س	س	غ	ن	ى	ا	ن	ي	ش	ز
ل	ص	ف	خ	أ	ط	ق	ح	ط	ج	ر	ظ	ي	ط
ر	ت	ب	ن	ر	ف	ض	ل	د	ي	ث	ل	ف	ا
ل	ت	ب	ز	ز	د	ص	ة	ف	ف	د	غ	ر	ى
ظ	ر	ا	ي	ش	إ	ل	ع	ظ	ق	ص	إ	ن	آ
ر	ة	غ	ر	ق	ش	ل	ث	و	ئ	ت	ج	ت	ج

نحلة
سماد
حمار
حقل
تبن
عسل
دجاج
كلب
عجل
قط

غراب
بقرة
الأرض
زراعة
حصان
أرز
خنزير
ماء
سياج
ماعز

91 - Berufe #1

م	ر	س	ا	م	خ	ر	ا	ئ	ط	ي	د	ص	خ
ص	م	ف	ن	ا	ن	خ	ذ	خ	ل	ؤ	ح	ي	ي
ر	م	ي	ع	ل	م	ا	ل	ن	ف	س	إ	ا	ا
ف	ر	ر	ك	ذ	ك	خ	ص	ظ	إ	ص	ع	د	ط
ي	ض	ظ	ك	ا	ر	ؤ	ى	ر	ص	ث	ا	ج	ب
ف	ك	ب	ش	ذ	ن	ن	ا	ي	س	ط	ز	ش	ي
ر	ا	ق	ص	ة	ي	ي	ظ	ط	ج	ب	ف	د	ب
ج	ت	ص	ا	ذ	ظ	ؤ	ك	ص	ي	ي	ا	ص	ب
ق	ي	و	ئ	ص	ل	ك	ك	ي	إ	ب	ل	ك	ي
ح	ؤ	و	غ	ش	ح	ش	م	ح	ا	س	ب	ظ	ط
ذ	ي	ل	ل	ت	ئ	د	ح	ف	ل	ك	ي	ى	ر
ق	غ	ن	ل	و	ي	ا	ا	م	ر	ي	ا	س	ي
و	ق	ك	ض	ت	ج	آ	م	د	ر	ب	ن	ب	د
س	ك	ز	غ	ق	ض	ي	ي	ئ	و	ع	و	ح	م

طبيب
فلكي
مصرفي
سفير
محاسب
جيولوجي
صياد
صائغ
رسام خرائط
سباك

ممرض
فنان
ميكانيكي
عازف البيانو
علم النفس
محامي
خياط
راقصة
طبيب بيطري
مدرب

92 - Adjektive #1

و	د	ن	إ	غ	ى	ر	ف	ع	ذ	ئ	ش	ز	ط
ذ	و	ق	ي	م	ة	م	ي	ط	ش	ر	ك	ل	ذ
ج	د	ذ	ة	ه	ط	ر	ت	ر	ف	ت	م	س	ؤ
ك	ة	ث	ف	م	ص	ج	ظ	ي	ك	ظ	ة	ك	و
ا	ق	د	ش	د	إ	ز	د	د	ج	ظ	ي	غ	ق
ؤ	ف	ث	ط	ت	ك	ز	م	ئ	س	ر	ظ	ب	غ
س	ن	ش	ط	و	ذ	ض	ط	ض	إ	ط	ر	ع	ج
ف	ع	ظ	ص	ط	ؤ	ي	ى	ش	خ	ع	ق	ل	ج
ؤ	ن	ي	ا	ئ	و	ب	ش	ظ	ج	م	ي	ل	ذ
ك	ب	ي	د	ا	ك	ن	غ	ذ	د	ي	ق	ن	ا
ا	ق	م	ق	ث	ث	غ	ى	و	ع	ق	ل	ع	ب
م	ت	ط	ا	ب	ق	ة	ث	غ	ث	ذ	ز	ع	ث
ل	ط	ل	ح	د	ي	ث	ب	ط	ي	ء	ر	ئ	ل
آ	ك	ق	ي	ا	ل	ب	ر	ي	ء	إ	إ	ذ	ئ

مطلق
نشط
عطري
جذاب
داكن
رقيق
صادق
سعيد
متطابقة
فني

بطيء
حديث
كامل
ضخم
جميل
ثقيل
عميق
البريء
ذو قيمة
مهم

93 - Mathematatik

ظ	س	ص	م	آ	ف	ت	غ	ي	ط	ا	ك	ظ	م
ذ	ر	ض	ش	ج	ع	ح	و	ج	ؤ	ل	إ	أ	س
ز	ف	ظ	ج	ق	ظ	م	و	ا	ز	أ	ض	ئ	ت
غ	ا	ه	ن	د	س	ة	و	ض	ئ	ر	ب	ت	ط
ذ	ل	ئ	ز	ؤ	ش	ب	ئ	د	ث	ق	ج	ا	ي
ا	ص	ع	ث	و	ذ	خ	س	خ	ي	ا	د	ؤ	ل
ت	و	ش	ت	ن	ا	ظ	ر	ى	م	م	خ	م	ل
م	ت	ض	م	ز	ث	ي	ص	ع	ق	غ	ت	ع	ي
م	ر	ب	ع	ج	ز	ء	ا	ش	م	ط	ف	ا	ظ
ح	س	ا	ب	ل	م	ش	آ	ر	ى	ي	م	د	خ
ي	ي	ل	ظ	و	ض	و	ج	ي	ح	ب	ث	ل	م
ط	ش	ة	ك	ت	ل	ك	ع	ب	س	ث	ل	ة	ئ
د	ر	ج	ا	ت	ع	س	ى	ز	غ	ق	ث	ص	و
ك	ا	م	ق	ط	ر	ز	خ	ئ	خ	ا	ذ	ش	آ

مضلع
مربع
مستطيل
عمودي
مجموع
تناظر
محيط
الصوت
زوايا
الأرقام

حساب
جزء
عشري
مثلث
قطر
أس
هندسة
معادلة
درجات
مواز

94 - Messungen

ب	و	ص	ة	ئ	ج	غ	ح	ع	ص	ح	س	م	ج
ا	ذ	د	ل	ك	ك	ى	م	ح	ي	س	ح	ح	ق
ي	ا	ج	إ	ي	ت	ظ	ة	ص	ث	ط	آ	د	د
ت	ذ	ز	ب	ش	م	ك	ي	ل	و	غ	ر	ا	م
ش	غ	غ	س	ن	ت	ي	م	ت	ر	ة	ر	ئ	ت
إ	ط	ئ	ي	و	خ	ل	ق	ي	ق	ف	ب	و	ر
د	ة	ز	م	ة	أ	و	ق	ي	ة	ك	ت	ل	ة
ة	ق	ز	آ	ر	ر	م	ش	ش	غ	م	آ	ذ	ت
ف	ل	ي	ط	ن	د	ت	غ	ئ	ر	د	ح	ي	ز
ن	ت	ق	ق	ؤ	ا	ر	ت	ف	ا	ع	ر	ض	و
غ	ئ	ا	ل	ة	ل	ي	ج	خ	م	ش	م	ة	آ
ؤ	ن	ق	ت	ا	ص	ق	غ	ة	ن	ر	ح	ق	ض
ا	ك	ز	ر	ض	و	ز	ن	ن	ت	ي	ظ	ئ	ع
ت	ف	ص	ى	ي	ت	س	ي	ا	ل	ط	و	ل	د

عرض
بايت
عشري
وزن
درجة
غرام
ارتفاع
كيلوغرام
كيلومتر
الطول

لتر
كتلة
متر
دقيقة
عمق
طن
أوقية
الصوت
سنتيمتر
بوصة

95 - Schlösser

ن	آ	آ	م	ز	ا	ق	ص	ظ	غ	ح	ج	غ	ط
د	ف	خ	خ	ن	د	ق	ص	ر	ع	ص	ل	ذ	ز
ت	ا	ج	ف	ز	ق	ع	خ	ا	ع	ا	م	ج	ث
ن	ر	ش	ى	ا	ا	ل	م	ن	ج	ن	ي	ق	ح
ي	س	ي	ف	ن	ب	ر	ج	س	ل	ا	ل	ة	ا
ن	إ	ب	آ	ة	م	ت	ط	ا	ل	ن	ب	ي	ل
آ	ق	ا	و	أ	ا	ل	م	م	ل	ك	ة	ح	ن
ع	ط	آ	إ	م	ب	ر	ا	ط	و	ر	ي	ة	ئ
ط	ا	ص	د	ي	ح	ا	ئ	ط	م	ث	ق	ض	ؤ
ي	ع	ؤ	ث	ر	ش	ث	ض	ق	ن	ح	ع	ق	إ
ح	ي	و	ا	ة	ع	أ	خ	ز	ن	ص	ر	غ	ب
إ	ر	ن	م	ل	د	ذ	م	د	ى	ة	ط	ك	ض
ؤ	ت	خ	ل	ز	ع	ا	ل	ي	ؤ	ة	ة	ب	ط
ن	ف	ى	ث	ى	س	ت	ب	ض	ر	ص	ن	ة	ك

تنين
سلالة
النبيل
إقطاعي
خندق
المنجنيق
زنزانة
المملكة
تاج
قصر

حصان
أمير
أميرة
إمبراطورية
فارس
درع
سيف
برج
حائط

96 - Bauernhof #2

ط	ا	ح	و	ن	ة	ه	و	ا	ئ	ي	ة	ص	ط
ص	ذ	ط	ؤ	ظ	ش	ى	ص	ة	و	خ	س	ر	و
س	غ	ج	ث	ب	ض	ث	ب	ج	ن	ش	م	ش	ؤ
ز	ح	ظ	د	س	د	ؤ	آ	آ	إ	ي	ع	ط	ق
و	ظ	و	ع	ت	ر	ي	ذ	أ	ظ	ك	ج	ي	ذ
ب	ا	د	ذ	ا	ل	ح	ي	و	ا	ن	ا	ت	ر
ب	س	ئ	ذ	ن	ه	ظ	ظ	ز	ذ	ا	ل	ا	ؤ
و	ك	ت	ي	ح	ب	ي	ك	ص	ب	ض	خ	ح	ئ
م	ر	ج	ف	خ	ل	ر	ب	م	ط	ج	ض	ل	ف
خ	آ	ج	ر	ا	ر	ة	ي	ز	ة	ش	ر	ي	ح
ا	ل	ر	ي	ؤ	ك	و	ص	ا	ت	ف	و	ب	ق
ا	ل	ر	ا	ع	ي	ه	ف	ر	ع	ع	ا	ل	م
ر	ن	ش	ح	ص	ي	ص	ة	ع	م	ة	ت	ع	ح
ط	ح	ب	و	ب	ذ	ر	ة	ن	ن	م	ن	ق	ح

مزارع
الري
بطة
فاكهة
أوز
الخضروات
شعير
لهب
حبوب ذرة
حليب

بستان
ناضج
خروف
الراعي
حظيرة
الحيوانات
جرار
قمح
مرج
طاحونة هوائية

97 - Berufe #2

ا	ض	غ	ع	ل	ر	ط	ك	ج	ن	ا	ذ	س	ا
أ	ل	ؤ	ر	ق	ذ	ك	ع	ر	ذ	ذ	ك	ي	إ
م	غ	م	د	ر	س	ج	ع	ا	ص	د	ه	ا	ن
ي	و	ح	ص	ب	ا	ح	ث	ح	ف	ف	إ	س	ة
ن	ي	ق	ح	و	ي	و	ئ	و	ث	ض	ف	ي	آ
ا	م	ق	ف	ك	ر	ر	ا	ئ	د	ف	ض	ا	ء
ل	ه	خ	ي	إ	ش	ب	و	ؤ	ش	ي	ا	ط	ص
م	ن	إ	ت	م	آ	س	ك	ز	س	ل	ث	ى	ح
ك	د	ك	ت	ر	ت	ت	ت	ن	ا	س	ي	ظ	ث
ت	س	ص	ش	ص	ع	ا	آ	ط	س	و	ط	ؤ	ى
ب	ط	ي	ا	ر	ة	ن	ج	ط	ب	ف	ج	ظ	ة
ة	د	ى	ح	ا	آ	ي	ا	أ	ح	ي	ا	ئ	ي
ط	ب	ي	ب	أ	س	ن	ا	ن	إ	ت	ب	إ	و
ع	ا	ل	م	ا	ل	ح	ي	و	ا	ن	س	ح	ت

طبيب
رائد فضاء
أمين المكتبة
أحيائي
جراح
محقق
مخترع
باحث
بستاني
المصور

مهندس
صحفي
مدرس
لغوي
دهان
فيلسوف
طيار
سياسي
طبيب أسنان
عالم الحيوان

98 - Freundlichkeit

م	ق	إ	ي	ل	ع	ص	ر	م	م	أ	ص	ل	ي
ف	ن	ص	س	ع	ط	ط	ف	ت	ض	ح	ذ	إ	ؤ
ي	ل	ت	غ	ظ	ج	ي	ج	س	ي	ر	ت	ل	إ
د	ش	ؤ	ب	غ	ر	ص	ف	ا	ا	م	م	ر	ف
ص	ف	م	ب	ه	ح	ص	ت	م	ف	ه	م	م	م
ب	ع	س	ح	م	ي	ا	ك	ح	ؤ	غ	ن	و	س
و	د	ي	ج	خ	م	د	ر	آ	ف	ز	ق	ث	ظ
ر	خ	ب	م	د	ح	ق	ي	ز	ص	س	ظ	و	ر
ت	ق	ب	ل	ا	ض	ن	م	ت	ي	م	ز	ق	ض
ج	و	ح	ل	س	ى	د	ط	ش	ج	ظ	ب	ب	ذ
ط	س	ص	ش	ع	ل	م	ح	ب	ا	غ	ا	ه	ذ
م	ض	ت	ى	ي	ص	ث	إ	و	ض	ف	د	ا	ظ
ا	ب	ب	ا	د	ب	خ	ت	ط	ق	و	ر	ث	ئ
ؤ	ض	ص	ى	ث	ت	ع	ي	ا	د	ؤ	ي	ل	ع

منتبه
أصلي
صادق
تقبلا
ودي
مضياف
صبور
سعيد
كريم

مفيد
محب
رحيم
محترم
لطيف
متسامح
فهم
موثوق بها

99 - Erforschung

غ	ط	ذ	و	ظ	غ	ح	و	ة	ت	ذ	ا	ب	ا
ث	و	ت	آ	ا	ل	ث	ق	ا	ف	ا	ت	آ	ل
و	آ	س	ة	ل	ل	ز	ح	آ	ث	م	ل	خ	ح
س	ع	ا	ر	ت	ى	م	ث	ة	ح	ض	ي	ش	ي
د	غ	ل	ف	ض	ك	إ	خ	ظ	آ	آ	ت	ا	و
ش	ب	إ	ئ	ا	ى	ذ	ص	ا	ق	غ	ع	ك	ا
ب	ج	ث	ش	ر	ق	د	ع	ا	ط	ي	ل	ت	ن
ر	ا	ا	ض	ي	ص	ج	ا	ل	ص	ر	م	ش	ا
ي	ي	ر	ع	س	ت	ش	ئ	س	ذ	م	ز	ا	ت
آ	ف	ة	ز	ة	س	ذ	ط	ف	س	ع	ف	ف	ح
ص	ض	ع	م	ج	ب	ف	ر	ر	ر	ر	ط	ز	ق
ا	ا	خ	ح	ع	ح	ع	ش	ز	ن	و	ة	ل	ذ
ب	ء	ض	ن	ش	ا	ط	ي	ح	ؤ	ف	ث	غ	ي
ا	ل	ج	د	ي	د	خ	ح	د	ن	ز	ف	ة	ذ

نشاط
الإثارة
اكتشاف
عزم
نزف
بعيد
المخاطر
التضاريس
الثقافات

ليتعلم
شجاعة
الجديد
فضاء
السفر
لغة
الحيوانات
غير معروف
بري

100 - Wetter

ا	س	ت	و	ا	ئ	ي	ر	ق	ه	د	و	ء	ج
ل	ل	غ	ي	ظ	غ	ص	ش	ط	ن	ر	غ	ؤ	ف
ض	ف	ر	ق	ا	غ	ا	ز	ب	ب	ج	ا	ف	ا
ب	ق	ث	ع	ا	ص	ف	ة	ي	ر	ة	ا	س	ف
ا	س	د	ل	د	ط	ض	ح	ر	ق	ا	ل	و	ح
ب	ن	س	ظ	ئ	ؤ	ص	س	ج	ي	ل	غ	ل	ظ
ش	ل	ن	ج	د	س	م	ن	ل	ن	ح	ل	إ	ؤ
ق	و	س	ق	ز	ح	ز	ي	ي	إ	ر	ا	ق	ح
ش	ا	ي	ع	غ	ا	ب	ئ	د	ع	ا	ف	ز	ب
ل	ع	م	ش	ط	ب	ش	س	ؤ	ص	ر	ا	ش	س
ى	ب	ر	خ	م	ة	ا	ط	ن	ا	ة	ل	ف	د
م	ن	ا	خ	س	م	ا	ء	ل	ر	خ	ج	ا	ا
ص	إ	و	د	ث	ي	ط	ث	ذ	ش	ل	و	ج	ذ
و	ر	خ	س	م	ض	ل	ف	ة	ن	خ	ي	ث	ى

الغلاف الجوي
برق
نسيم
الرعد
جفاف
جليد
رطب
سماء
مناخ
الضباب

قطبي
قوس قزح
هدوء
عاصفة
درجة الحرارة
إعصار
جاف
استوائي
ريح
سحابة

1 - Ozean

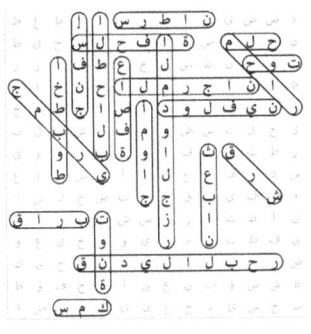

2 - Schule #1

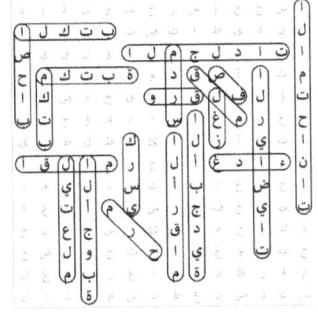

3 - Meditation

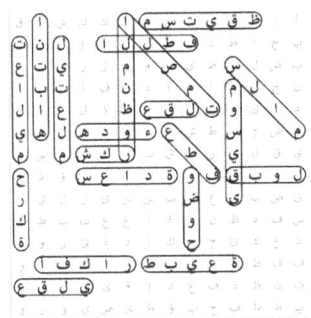

4 - Meisterschaft

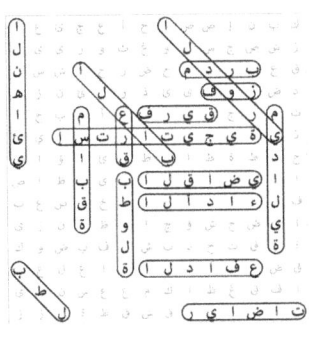

5 - Insekten

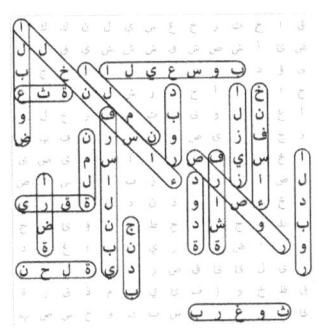

6 - Dinosaurier

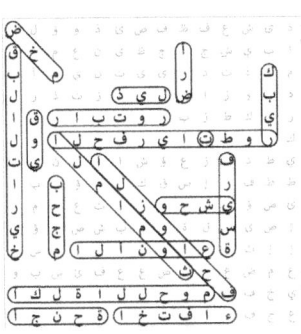

7 - Obst

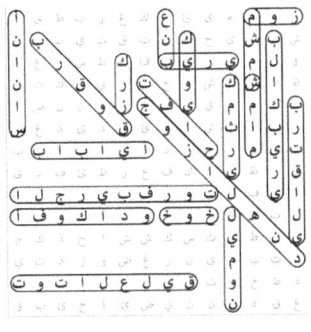

8 - Schule #2

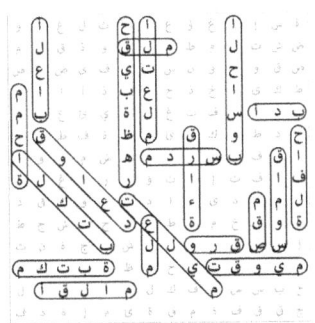

9 - Spielzeuge

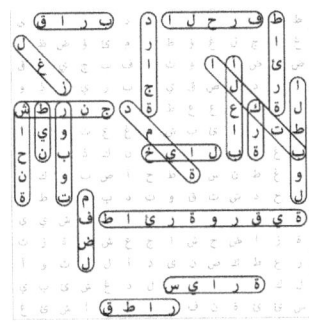

10 - Komödie

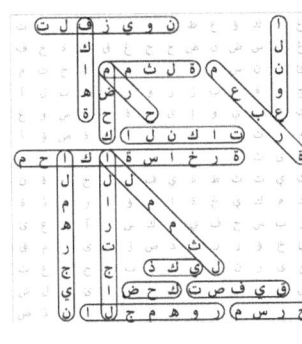

11 - Camping

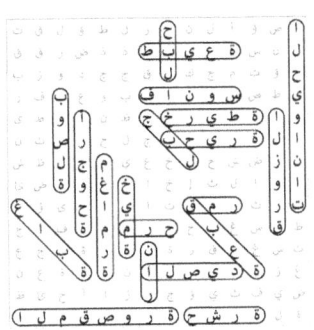

12 - Zeit

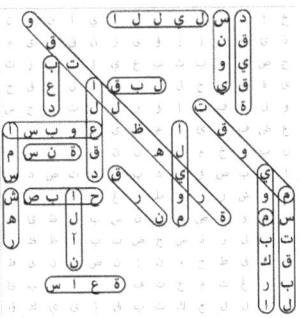

13 - Säugetiere

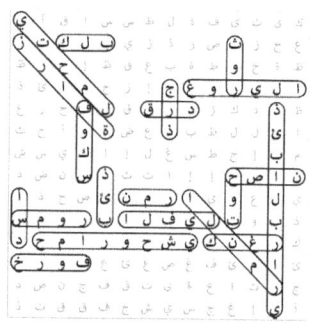

14 - Astronomie

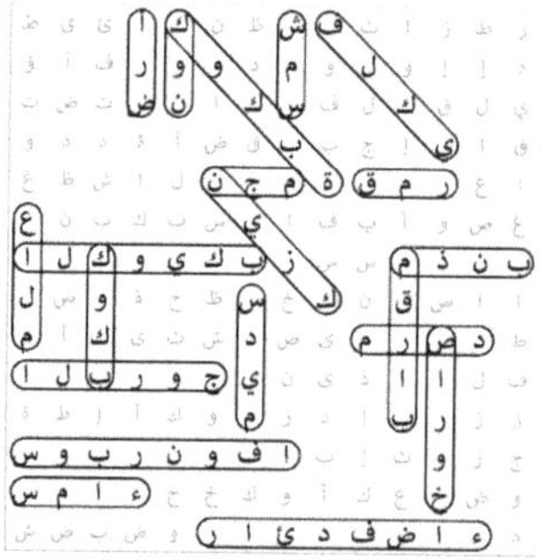

15 - Ballett

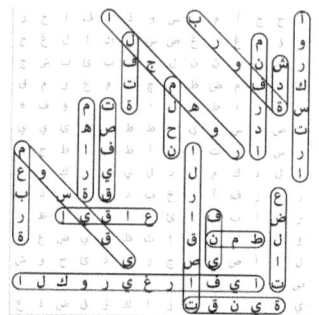

16 - Strand

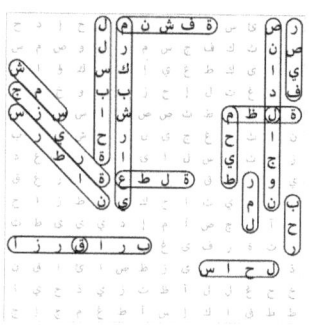

17 - Restaurant #1

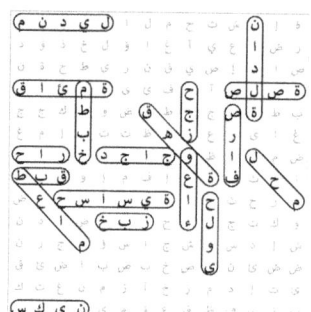

18 - Geologie

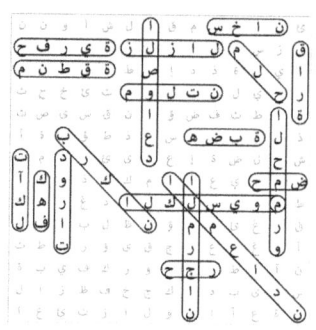

19 - Wissenschaft

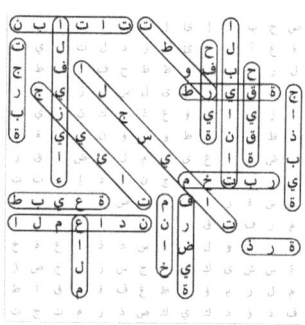

20 - Bildende Kunst

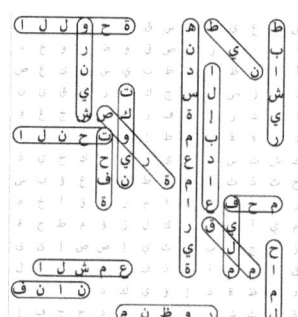

21 - Sport

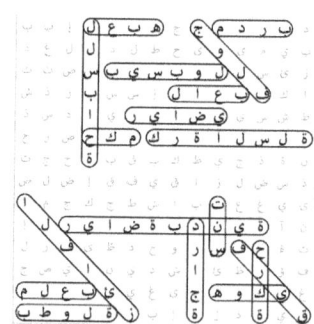

22 - Mythologie

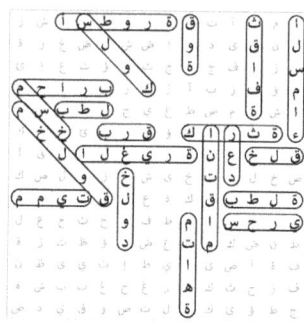

23 - Restaurant #2

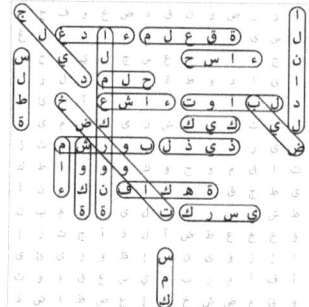

24 - Ökologie

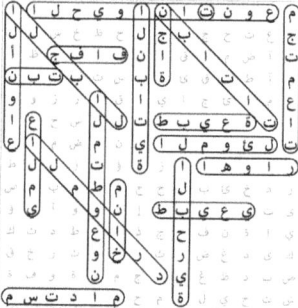

25 - Schokolade

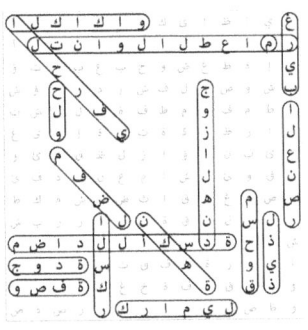

26 - Boote

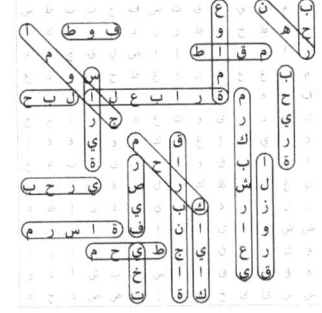

27 - Stadt

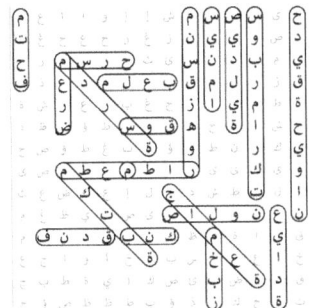

28 - Aktivitäten

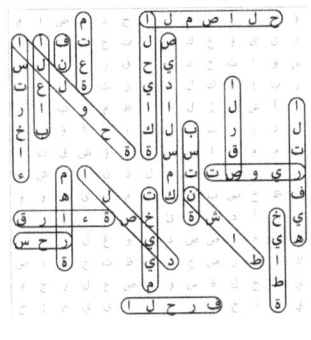

29 - Bienen

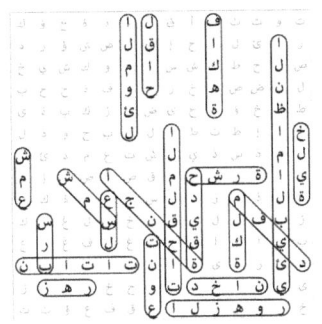

30 - Wissenschaftliche

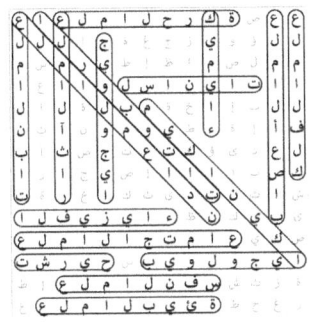

31 - Vögel

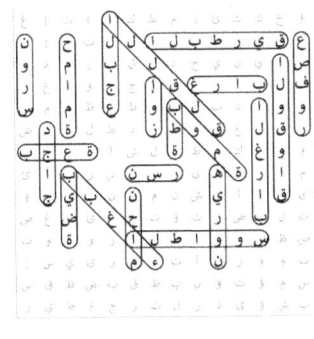

32 - Garten

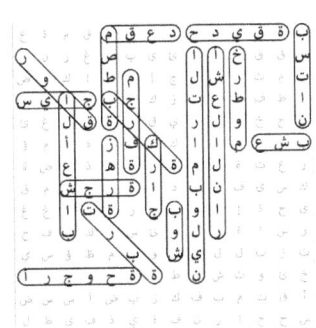

33 - Antarktis

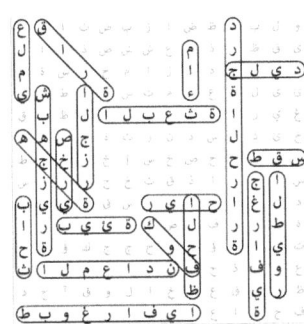

34 - Fahren

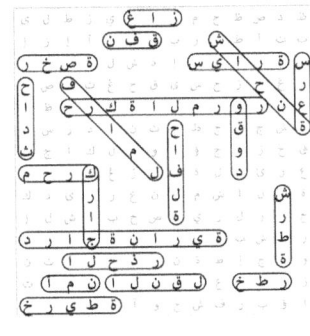

35 - Bücher

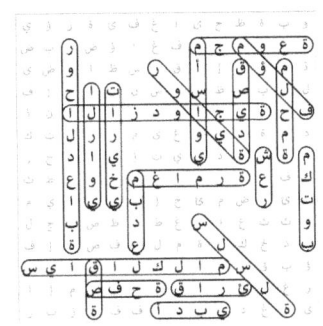

36 - Menschlicher Körper

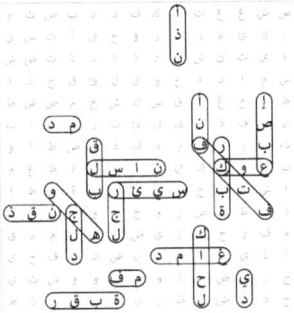

37 - Landschaften

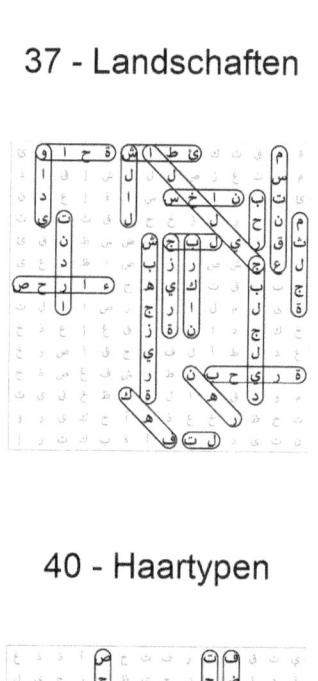

38 - Abenteuer

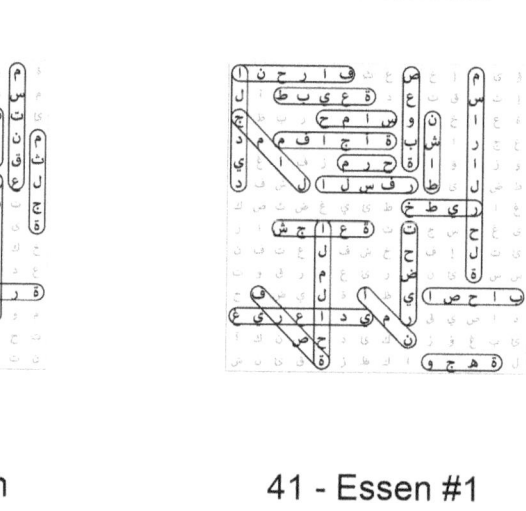

39 - Flugzeuge

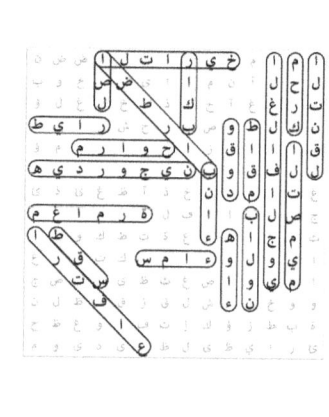

40 - Haartypen

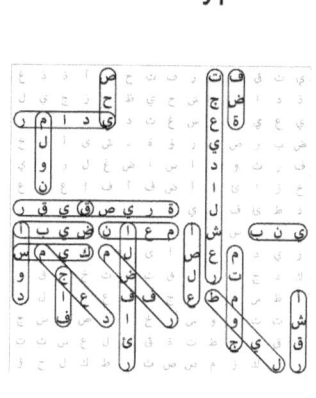

41 - Essen #1

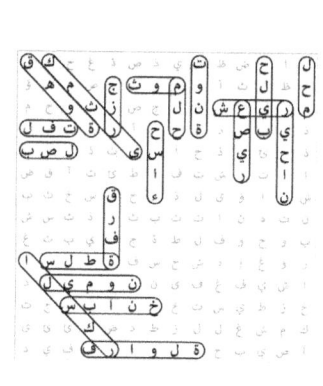

42 - Gebäude

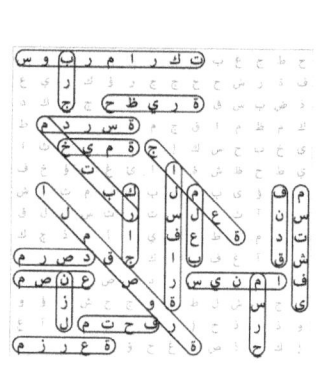

43 - Angeln

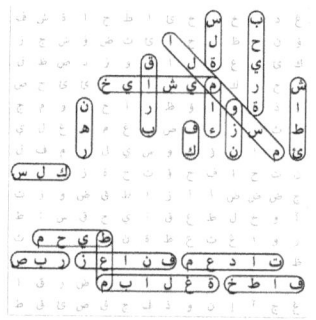

44 - Regenwald

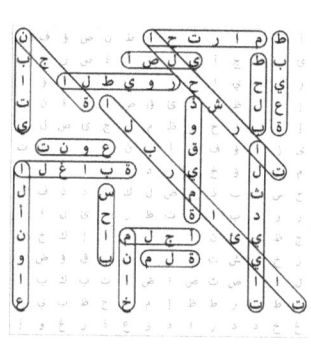

45 - Essen #2

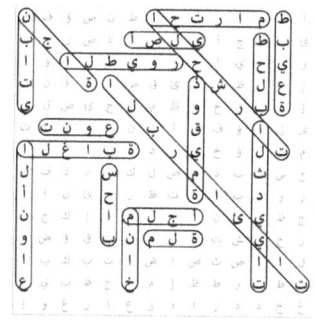

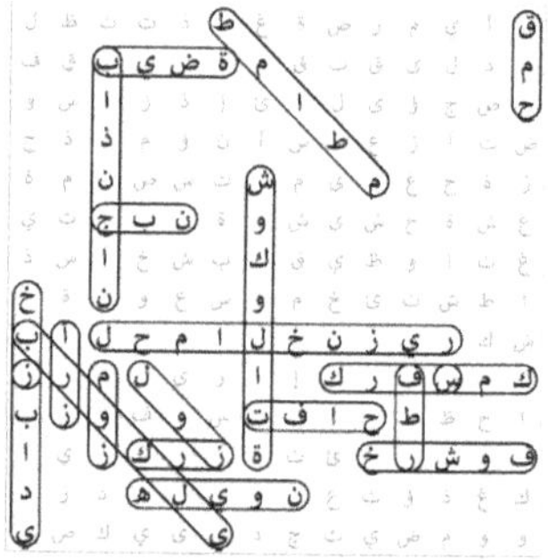

46 - Familie

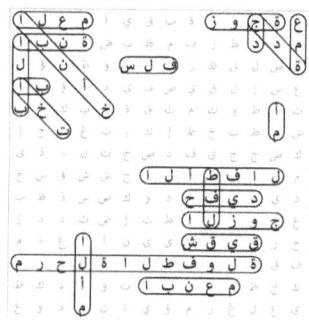

47 - Pflanzen

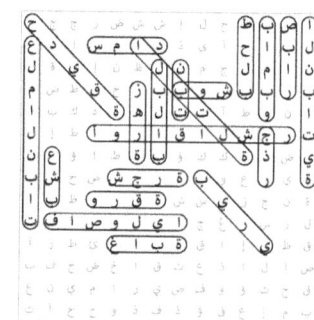

48 - Kunst

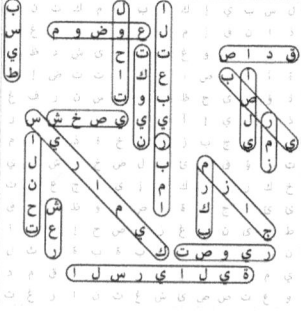

49 - Gewürze

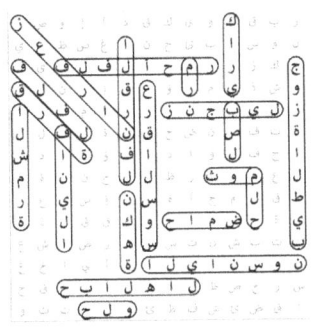

50 - Gemüse

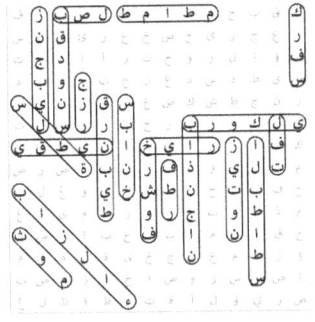

51 - Katzen

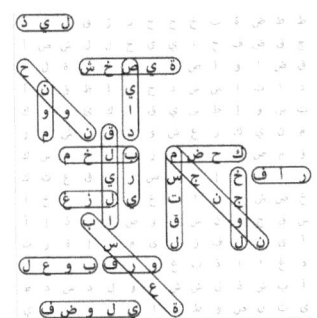

52 - Tanzen

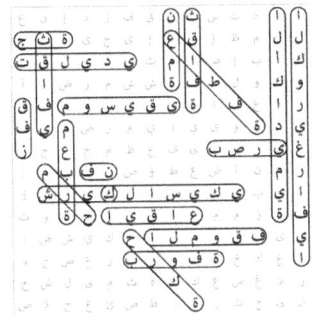

53 - Ernährung

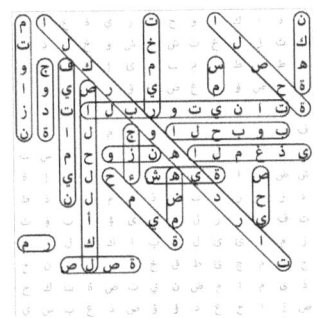

54 - Technologie

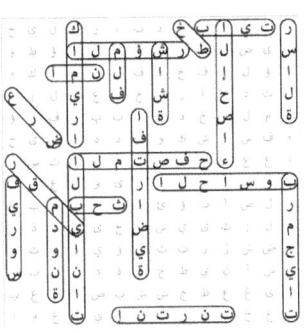

55 - Wasser

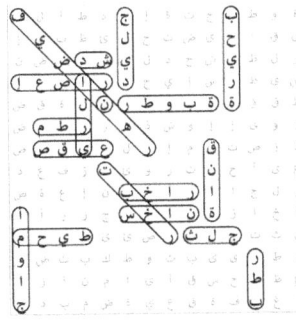

56 - Science Fiction

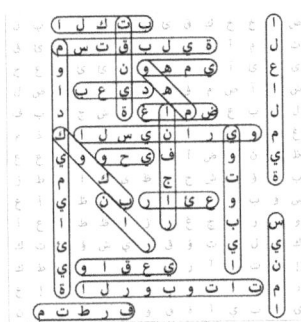

57 - Haustiere

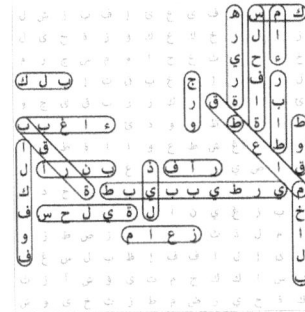

58 - Geburtstag

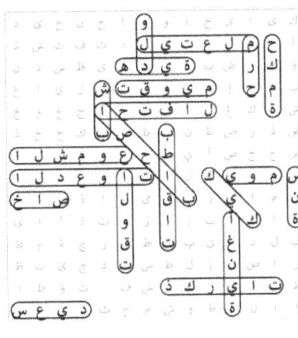

59 - Literatur

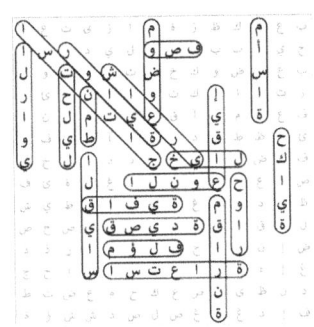

60 - Wandern

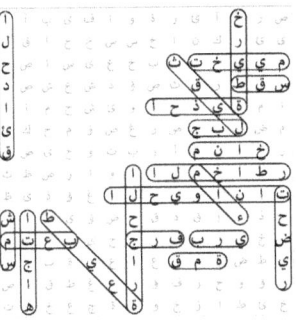

61 - Länder #2

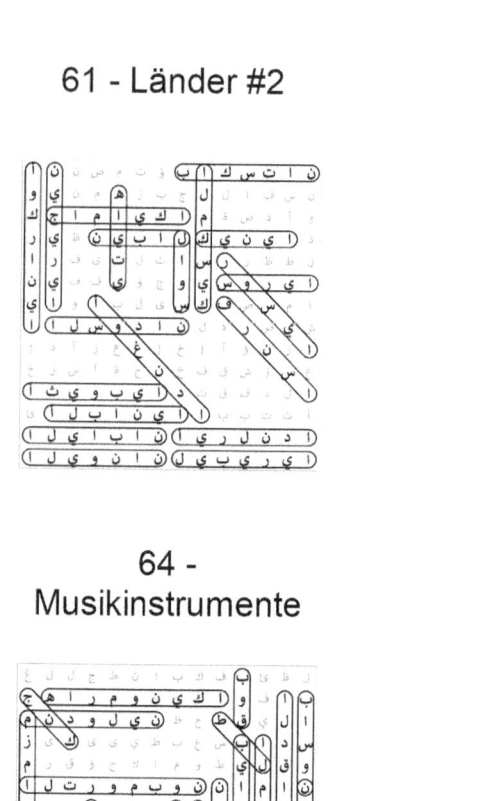

62 - Fahrzeuge

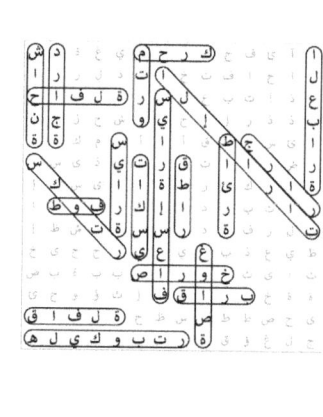

63 - Badezimmer

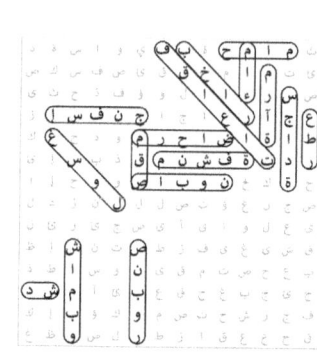

64 - Musikinstrumente

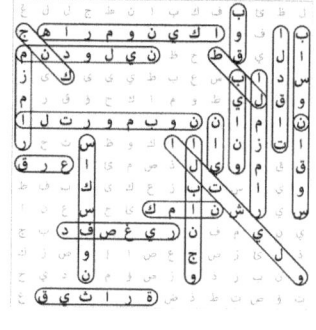

65 - Blumen

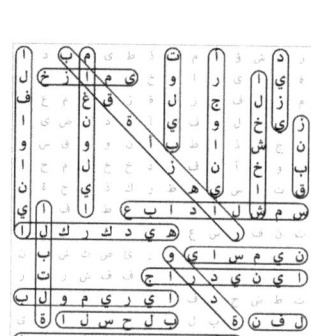

66 - Natur

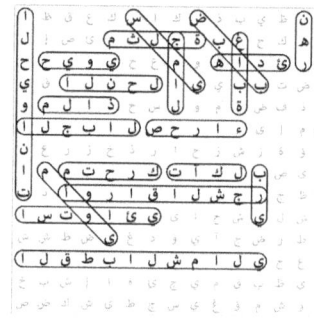

67 - Urlaub #2

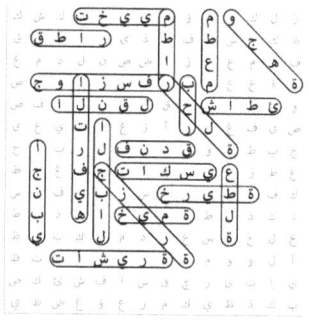

68 - Zirkus

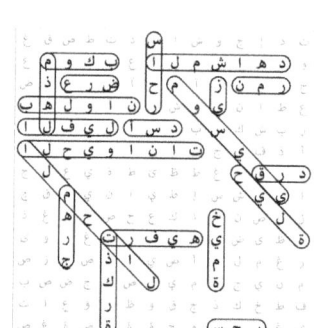

69 - Barbecues

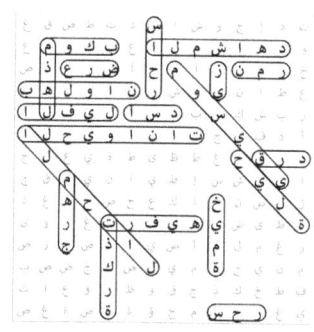

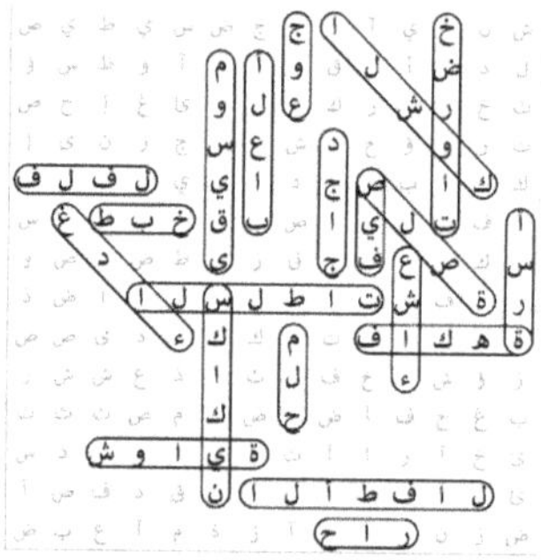

70 - Küche

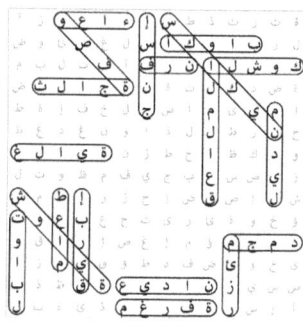

71 - Schach

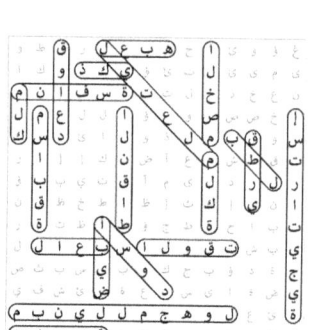

72 - Erhaltung

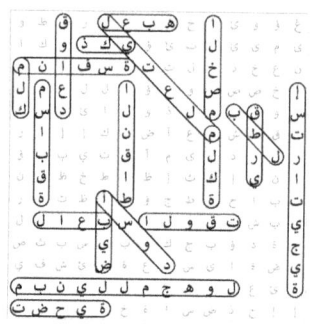

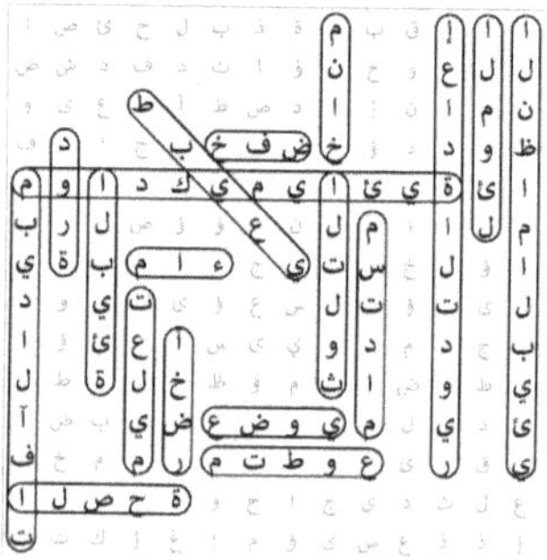

73 - Geographie

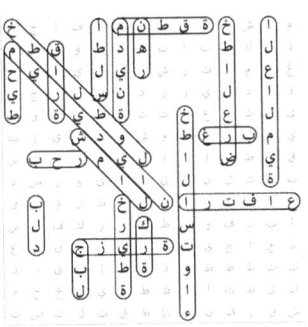

74 - Zahlen

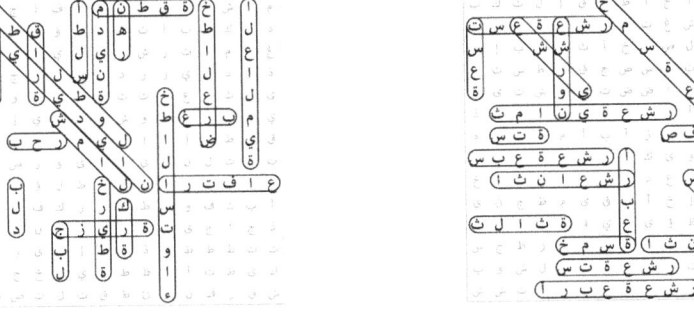

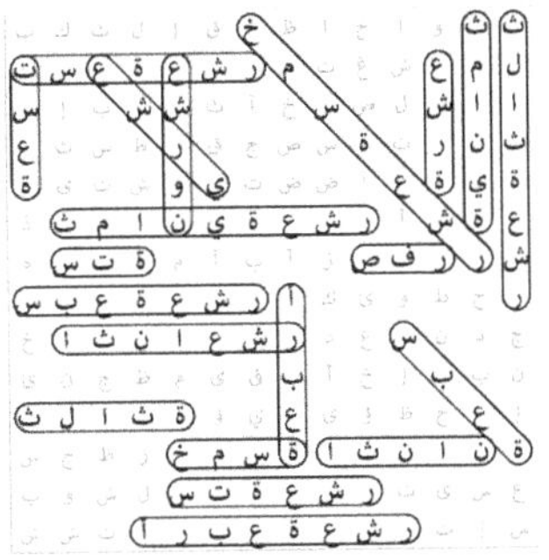

75 - Kunst Liefert

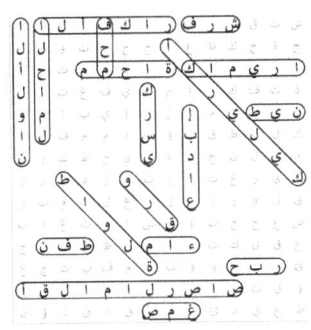

76 - Tage und Monate

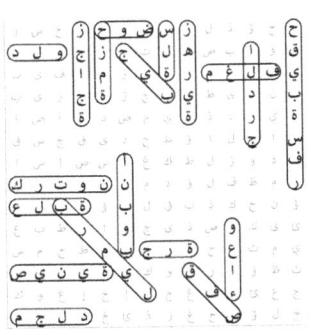

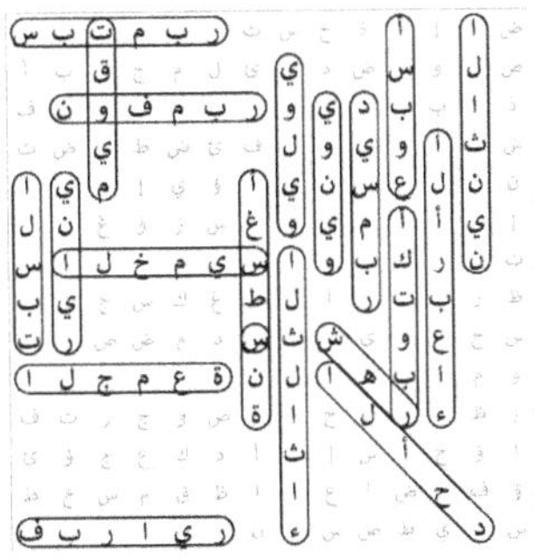

77 - Piraten

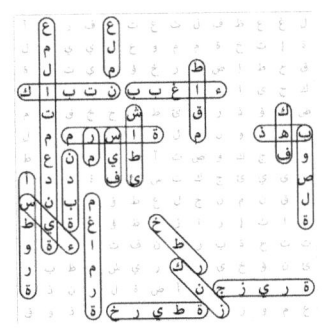

78 - Emotionen

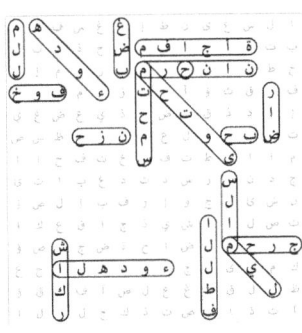

79 - Zu Füllen

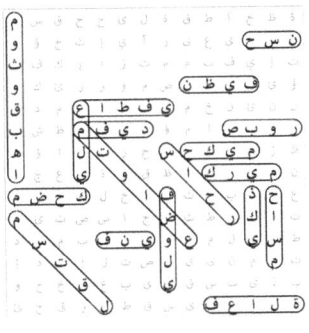

80 - Surfen

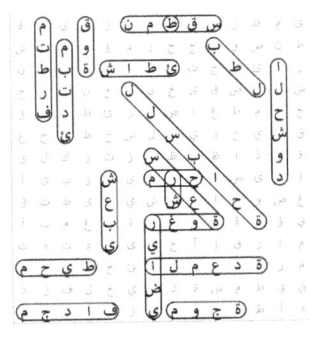

81 - Kräuterkunde

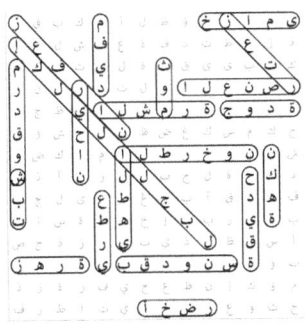

82 - Tugenden #1

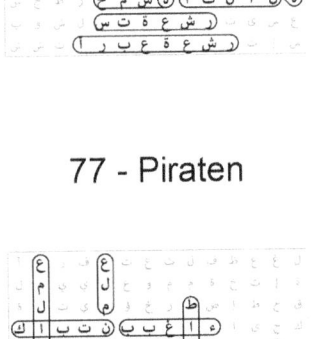

83 - Aktivitäten und Freizeit

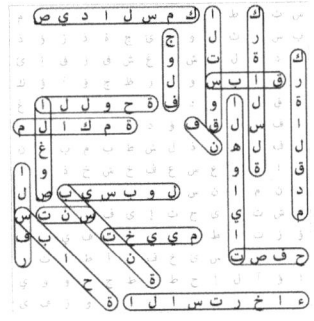

84 - Formen

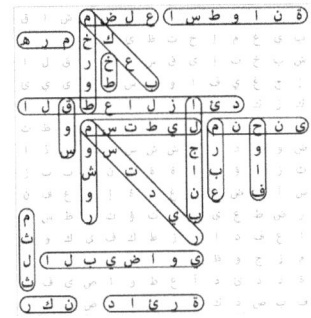

85 - Adjektive #2

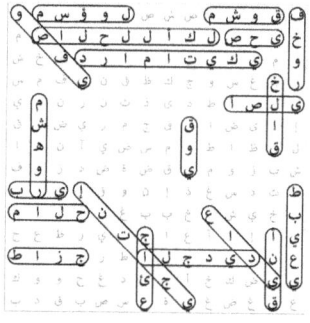

86 - Kleidung

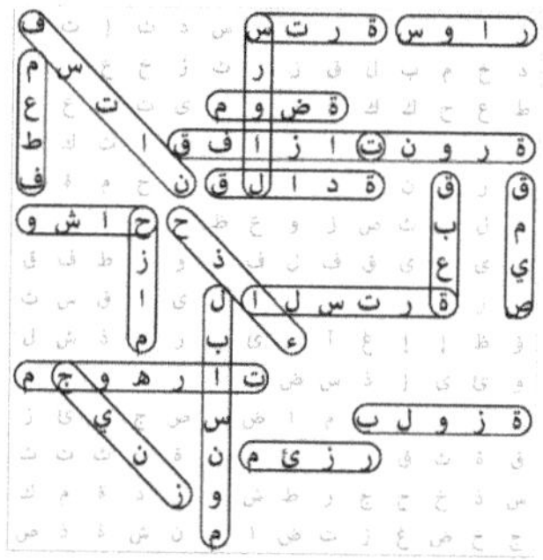

87 - Sommer

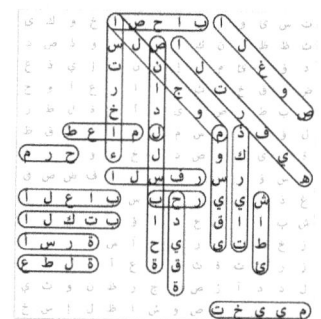

88 - Farben

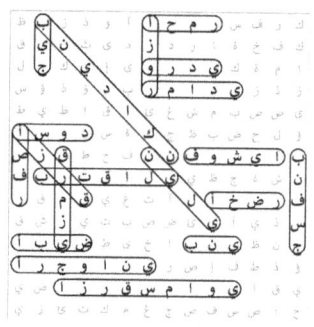

89 - Haus

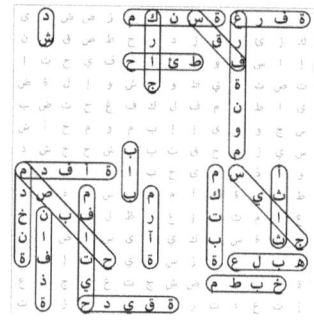

90 - Bauernhof #1

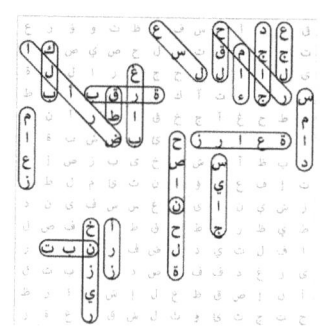

91 - Berufe #1

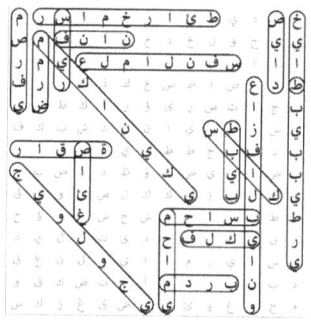

92 - Adjektive #1

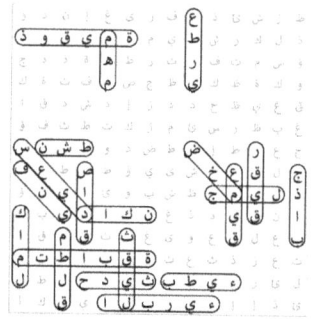

93 - Mathematik

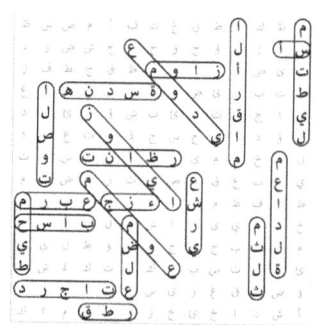

94 - Messungen

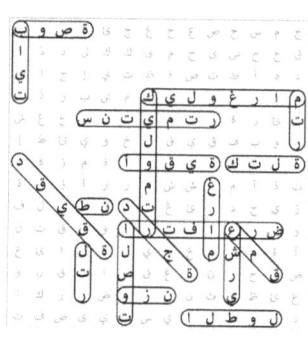

95 - Schlösser

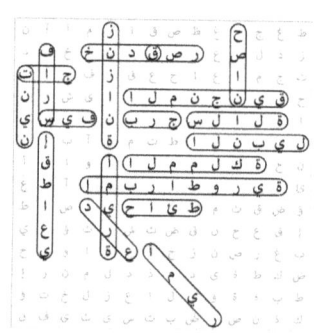

96 - Bauernhof #2

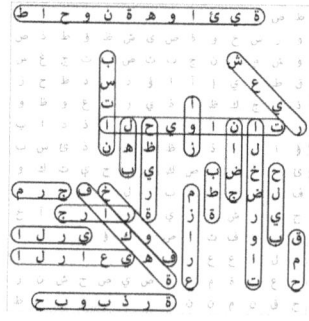

97 - Berufe #2

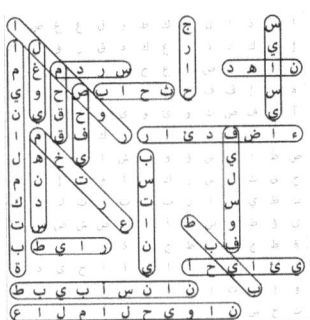

98 - Freundlichkeit

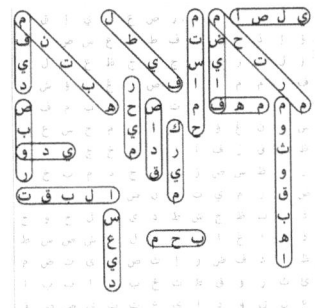

99 - Erforschung

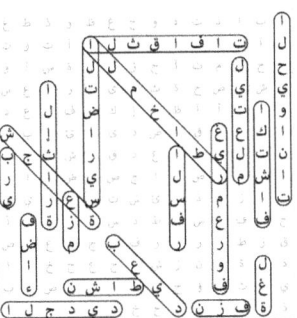

100 - Wetter

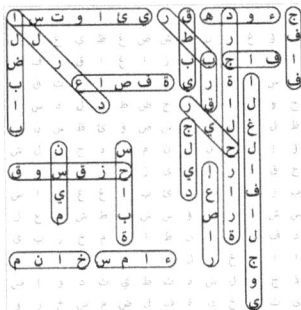

Wörterbuch

Abenteuer
مغامرة

Aktivität	نشاط
Ausflug	انحراف
Begeisterung	حماس
Chance	فرصة
Freude	مرح
Freunde	اصحاب
Gefährlich	خطير
Natur	طبيعة
Navigation	الملاحة
Neu	الجديد
Reisen	السفر
Route	مسار الرحلة
Schönheit	جمال
Schwierigkeit	صعوبة
Sicherheit	أمن
Tapferkeit	شجاعة
Ungewöhnlich	غير عادي
Überraschend	مفاجأة
Vorbereitung	تحضير
Ziel	وجهة

Adjektive #1
الصفات #1

Absolut	مطلق
Aktiv	نشط
Aromatisch	عطري
Attraktiv	جذاب
Dunkel	داكن
Dünn	رقيق
Ehrlich	صادق
Glücklich	سعيد
Identisch	متطابقة
Künstlerisch	فني
Langsam	بطيء
Modern	حديث
Perfekt	كامل
Riesig	ضخم
Schön	جميل
Schwer	ثقيل
Tief	عميق
Unschuldig	البريء
Wertvoll	ذو قيمة
Wichtig	مهم

Adjektive #2
الصفات #2

Authentisch	أصلي
Berühmt	مشهور
Beschreibend	وصفي
Dramatisch	دراماتيكي
Elegant	أنيق
Essbar	صالح للأكل
Frisch	طازج
Gesund	صحي
Hungrig	جائع
Interessant	مشوق
Kreativ	خلاق
Natürlich	طبيعي
Neu	الجديد
Normal	عادي
Produktiv	إنتاجي
Salzig	مالح
Stark	قوي
Stolz	فخور
Verantwortlich	مسؤول
Wild	بري

Aktivitäten
الأنشطة

Aktivität	نشاط
Angeln	صيد السمك
Camping	تخييم
Entspannung	استرخاء
Fähigkeit	مهارة
Fotografie	تصوير
Freizeit	الترفيه
Gartenarbeit	بستنة
Gemälde	اللوحة
Interessen	المصالح
Jagd	الصيد
Kunst	فن
Kunsthandwerk	الحرف
Lesen	قراءة
Magie	سحر
Nähen	خياطة
Spiele	ألعاب
Stricken	الحياكة
Tanzen	الرقص
Vergnügen	متعة

Aktivitäten und Freizeit
الأنشطة والترفيه

Angeln	صيد السمك
Baseball	بيسبول
Basketball	كرة السلة
Boxen	ملاكمة
Camping	تخييم
Einkaufen	التسوق
Entspannend	الاسترخاء
Fussball	كرة القدم
Gartenarbeit	بستنة
Gemälde	اللوحة
Golf	جولف
Hobbies	الهوايات
Kunst	فن
Reise	السفر
Rennen	سباق
Schwimmen	سباحة
Surfen	تصفح
Tauchen	الغوص
Tennis	تنس
Volleyball	الكرة الطائرة

Angeln
صيد الأسماك

Ausrüstung	معدات
Boot	قارب
Draht	سلك
Flossen	زعانف
Fluss	نهر
Geduld	صبر
Gewicht	وزن
Haken	خطاف
Jahreszeit	الموسم
Kiefer	فك
Kiemen	خياشيم
Korb	سلة
Köder	طعم
Ozean	محيط
See	بحيرة
Strand	شاطئ
Übertreibung	مبالغة
Wasser	ماء

Antarktis
القارة القطبية الجنوبية

Bucht	كوف
Eis	جليد
Erhaltung	الحفظ
Expedition	البعثة
Felsig	صخري
Forscher	باحث
Geographie	جغرافية
Halbinsel	شبه جزيرة
Inseln	الجزر
Kontinent	قارة
Migration	هجرة
Mineralien	المعادن
Temperatur	درجة الحرارة
Topographie	طبوغرافيا
Umwelt	بيئة
Vögel	الطيور
Wasser	ماء
Wetter	طقس
Wind	رياح
Wissenschaftlich	علمي

Astronomie
علم الفلك

Asteroid	الكويكب
Astronaut	رائد فضاء
Astronom	فلكي
Erde	أرض
Himmel	سماء
Komet	مذنب
Konstellation	كوكبة
Kosmos	عالم
Meteor	نيزك
Mond	قمر
Nebel	سديم
Observatorium	مرصد
Planet	كوكب
Rakete	خوارص
Sonne	شمس
Stern	نجم
Supernova	سوبرنوفا
Teleskop	مقراب
Tierkreis	البروج
Universum	كون

Badezimmer
حمام

Bad	حمام
Blasen	فقاعات
Dampf	بخار
Dusche	دش
Handtuch	منشفة
Lotion	غسول
Parfüm	عطر
Schere	مقص
Schwamm	إسفنج
Seife	صابون
Shampoo	شامبو
Spiegel	مرآة
Teppich	سجادة
Toilette	مرحاض
Wasser	ماء
Wasserhahn	صنبور

Ballett
باليه

Applaus	تصفيق
Ausdrucksvoll	معبرة
Choreographie	الكوريغرافيا
Fähigkeit	مهارة
Geste	لفتة
Intensität	شدة
Komponist	ملحن
Künstlerisch	فني
Musik	موسيقى
Muskel	عضلات
Orchester	أوركسترا
Probe	بروفة
Publikum	الجمهور
Rhythmus	إيقاع
Solo	منفردا
Stil	نمط
Tänzer	الراقصات
Technik	تقنية

Barbecues
حفلات الشواء

Abendessen	عشاء
Familie	أسرة
Frucht	فاكهة
Gabeln	الشوك
Gemüse	خضروات
Grill	شواية
Heiss	حار
Huhn	دجاج
Hunger	جوع
Kinder	الأطفال
Kochen	طبخ
Messer	سكاكين
Mittagessen	غداء
Musik	موسيقى
Pfeffer	فلفل
Salate	السلطات
Salz	ملح
Sommer	صيف
Sosse	صلصة
Spiele	ألعاب

Bauernhof #1
مزرعة #1

Biene	نحلة
Dünger	سماد
Esel	حمار
Feld	حقل
Heu	تبن
Honig	عسل
Huhn	دجاج
Hund	كلب
Kalb	عجل
Katze	قط
Krähe	غراب
Kuh	بقرة
Land	الأرض
Landwirtschaft	زراعة
Pferd	حصان
Reis	أرز
Schwein	خنزير
Wasser	ماء
Zaun	سياج
Ziege	ماعز

Bauernhof #2
مزرعة #2

Bauer	مزارع
Bewässerung	الري
Ente	بطة
Frucht	فاكهة
Gänse	أوز
Gemüse	الخضروات
Gerste	شعير
Lama	لهب
Mais	حبوب ذرة
Milch	حليب
Obstgarten	بستان
Reif	ناضج
Schaf	خروف
Schäfer	الراعي
Scheune	حظيرة
Tiere	الحيوانات
Traktor	جرار
Weizen	قمح
Wiese	مرج
Windmühle	طاحونة هوائية

Berufe #1
المهن #1

Arzt	طبيب
Astronom	فلكي
Bankier	مصرفي
Botschafter	سفير
Buchhalter	محاسب
Geologe	جيولوجي
Jäger	صياد
Juwelier	صائغ
Kartograph	رسام خرائط
Klempner	سباك
Krankenschwester	ممرض
Künstler	فنان
Mechaniker	ميكانيكي
Pianist	عازف البيانو
Psychologe	علم النفس
Rechtsanwalt	محامي
Schneider	خياط
Tänzer	راقصة
Tierarzt	طبيب بيطري
Trainer	مدرب

Berufe #2
المهن #2

Arzt	طبيب
Astronaut	رائد فضاء
Bibliothekar	أمين المكتبة
Biologe	أحيائي
Chirurg	جراح
Detektiv	محقق
Erfinder	مخترع
Forscher	باحث
Gärtner	بستاني
Illustrator	المصور
Ingenieur	مهندس
Journalist	صحفي
Lehrer	مدرس
Linguist	لغوي
Maler	دهان
Philosoph	فيلسوف
Pilot	طيار
Politiker	سياسي
Zahnarzt	طبيب أسنان
Zoologe	عالم الحيوان

Bienen
النحل

Bestäuber	الملقحات
Bienenkorb	خلية
Blumen	الزهور
Blüte	زهر
Flügel	أجنحة
Frucht	فاكهة
Garten	حديقة
Honig	عسل
Insekt	حشرة
Königin	ملكة
Lebensraum	الموئل
Ökosystem	النظام البيئي
Pflanzen	نباتات
Pollen	لقاح
Rauch	دخان
Schwarm	سرب
Sonne	شمس
Vielfalt	تنوع
Vorteilhaft	مفيد
Wachs	شمع

Bildende Kunst
الفنون البصرية

Architektur	هندسة معمارية
Film	فيلم
Gemälde	اللوحة
Holzkohle	فحم
Kreativität	الإبداع
Kreide	طباشير
Künstler	فنان
Lack	ورنيش
Meisterwerk	تحفة
Perspektive	منظور
Porträt	صورة
Skulptur	النحت
Staffelei	حامل
Stift	قلم
Ton	طين
Wachs	الشمع
Zusammensetzung	تكوين

Blumen
زهور

Blütenblatt	البتلة
Gardenie	جاردينيا
Gänseblümchen	ديزي
Hibiskus	الكركديه
Jasmin	ياسمين
Klee	نفل
Lavendel	خزامى
Lila	أرجواني
Lilie	زنبق
Löwenzahn	الهندباء
Magnolie	ماغنوليا
Mohn	الخشخاش
Orchidee	السحلب
Passionsblume	زهرة العاطفة
Pfingstrose	الفاوانيا
Plumeria	بلوميريا
Rose	وردة
Sonnenblume	عباد الشمس
Strauss	باقة أزهار
Tulpe	توليب

Boote
القوارب

Anker	مرساة
Boje	عوامة
Crew	طاقم
Dock	رصيف
Fähre	العبارة
Floss	طوف
Fluss	نهر
Kajak	كاياك
Kanu	الزورق
Mast	سارية
Meer	بحر
Motor	محرك
Nautisch	بحري
Ozean	محيط
Rettungsboot	قارب نجاة
See	بحيرة
Segelboot	مركب شراعي
Seil	حبل
Wellen	أمواج
Yacht	يخت

Bücher
كتب

Abenteuer	مغامرة
Autor	مؤلف
Dualität	الازدواجية
Episch	ملحمة
Erfinderisch	مبدع
Erzähler	الراوي
Gedicht	قصيدة
Geschichte	قصة
Geschrieben	مكتوب
Historisch	تاريخي
Humorvoll	روح الدعابة
Kollektion	مجموعة
Kontext	سياق الكلام
Leser	قارئ
Literarisch	أدبي
Poesie	شعر
Roman	رواية
Seite	صفحة
Serie	سلسلة
Tragisch	مأساوي

Camping
عسكرة

Abenteuer	مغامرة
Berg	جبل
Feuer	نار
Hängematte	أرجوحة
Hut	قبعة
Insekt	حشرة
Jagd	الصيد
Kabine	المقصورة
Kanu	الزورق
Karte	خريطة
Kompass	بوصلة
Laterne	فانوس
Mond	قمر
Natur	طبيعة
See	بحيرة
Seil	حبل
Spass	مرح
Tiere	الحيوانات
Wald	غابة
Zelt	خيمة

Dinosaurier
الديناصورات

Allesfresser	آكلة اللحوم
Art	الأنواع
Beute	فريسة
Bösartig	وحشي
Enorm	ضخم
Erde	أرض
Evolution	تطور
Flügel	أجنحة
Fossilien	الحفريات
Gross	كبير
Grösse	حجم
Leistungsstark	قوي
Mammut	الماموث
Prähistorisch	قبل التاريخ
Raubvogel	رابتور
Reptil	الزواحف
Schwanz	ذيل
Verschwinden	اختفاء

Emotionen
العواطف

Angst	خوف
Aufgeregt	متحمس
Beschämt	محرج
Dankbar	شاكر
Freude	مرح
Freundlichkeit	اللطف
Frieden	سلام
Inhalt	محتوى
Langeweile	ملل
Liebe	حب
Ruhe	الهدوء
Ruhig	هدوء
Sympathie	ميل
Traurigkeit	حزن
Überraschen	مفاجأة
Wut	غضب
Zärtlichkeit	حنان
Zufrieden	راض

Erforschung
الاستكشاف

Aktivität	نشاط
Aufregung	الإثارة
Entdeckung	اكتشاف
Entschlossenheit	عزم
Erschöpfung	نزف
Fern	بعيد
Gefahren	المخاطر
Gelände	التضاريس
Kulturen	الثقافات
Lernen	ليتعلم
Mut	شجاعة
Neu	الجديد
Raum	فضاء
Reise	السفر
Sprache	لغة
Tiere	الحيوانات
Unbekannt	غير معروف
Wild	بري

Erhaltung
الحفظ

Bildung	تعليم
Chemikalien	مواد كيميائية
Freiwillige	متطوع
Gesundheit	الصحة
Grün	أخضر
Klima	مناخ
Lebensraum	الموئل
Nachhaltig	مستدام
Natürlich	طبيعي
Organisch	عضوي
Ökosystem	النظام البيئي
Pestizid	مبيد الآفات
Recyceln	إعادة التدوير
Reduzieren	خفض
Umwelt	البيئة
Verschmutzung	التلوث
Wasser	ماء
Zyklus	دورة

Ernährung
التغذية

Appetit	شهية
Ausgewogen	متوازن
Bitter	مر
Diät	حمية
Essbar	صالح للأكل
Fermentation	تخمير
Geschmack	نكهة
Gesund	صحي
Gesundheit	الصحة
Getreide	الحبوب
Gewicht	وزن
Kohlenhydrate	الكربوهيدرات
Nährstoff	المغذي
Portion	جزء
Proteine	البروتينات
Qualität	جودة
Sosse	صلصة
Toxin	سم
Verdauung	هضم
Vitamin	فيتامين

Essen #1
الغذاء #1

Basilikum	ريحان
Birne	كمثرى
Erdbeere	فراولة
Fleisch	لحم
Gerste	شعير
Kaffee	قهوة
Karotte	جزر
Knoblauch	ثوم
Milch	حليب
Rübe	لفت
Saft	عصير
Salat	سلطة
Salz	ملح
Spinat	سبانخ
Suppe	حساء
Thunfisch	تونة
Zimt	قرفة
Zitrone	ليمون
Zucker	السكر
Zwiebel	بصل

Essen #2
الغذاء #2

Apfel	تفاح
Artischocke	خرشوف
Aubergine	باذنجان
Banane	موز
Brokkoli	بروكلي
Brot	خبز
Ei	بيضة
Fisch	سمك
Joghurt	زبادي
Käse	جبن
Kirsche	كرز
Mandel	لوز
Pilz	فطر
Reis	أرز
Schinken	لحم الخنزير
Schokolade	شوكولاتة
Sellerie	كرفس
Spargel	هليون
Tomate	طماطم
Weizen	قمح

Fahren
القيادة

Auto	سيارة
Bremsen	فرامل
Brennstoff	وقود
Bus	حافلة
Garage	كراج
Gas	غاز
Gefahr	خطر
Geschwindigkeit	سرعة
Karte	خريطة
Lizenz	رخصة
Lkw	شاحنة
Motor	محرك
Motorrad	دراجة نارية
Polizei	شرطة
Sicherheit	أمن
Transport	النقل
Tunnel	نفق
Unfall	حادث
Verkehr	حركة المرور
Vorsicht	الحذر

Fahrzeuge
المركبات

Auto	سيارة
Boot	قارب
Bus	حافلة
Fahrrad	دراجة
Fähre	العبارة
Floss	طوف
Flugzeug	طائرة
Hubschrauber	هليكوبتر
Krankenwagen	سيارة إسعاف
Lkw	شاحنة
Motor	محرك
Rakete	صاروخ
Reifen	الإطارات
Roller	سكوتر
Taxi	تاكسي
Traktor	جرار
U-Bahn	مترو
U-Boot	غواصة
Wohnwagen	قافلة
Zug	قطار

Familie
عائلة

Bruder	شقيق
Ehefrau	زوجة
Ehemann	الزوج
Enkel	حفيد
Grossmutter	جدة
Grossvater	جد
Kind	طفل
Kinder	الأطفال
Kindheit	مرحلة الطفولة
Mutter	أم
Mütterlich	الأم
Neffe	ابن أخ
Onkel	العم
Schwester	أخت
Tante	عمة
Tochter	ابنة
Vater	أب
Väterlich	الأب
Vetter	ابن عم
Vorfahr	سلف

Farben
الألوان

Azurblau	أزور
Beige	بيج
Blau	أزرق
Braun	بني
Fuchsie	فوشيا
Gelb	أصفر
Grau	رمادي
Grün	أخضر
Indigo	نيلي
Lila	أرجواني
Orange	برتقالي
Purpur	قرمزي
Rosa	وردي
Rot	أحمر
Schwarz	أسود
Sepia	بني داكن
Violett	بنفسج
Weiss	أبيض
Zyan	ازرق سماوي

Flugzeuge
الطائرات

Abenteuer	مغامرة
Abstieg	اصل
Atmosphäre	الغلاف الجوي
Ballon	بالون
Brennstoff	وقود
Crew	طاقم
Design	التصميم
Geschichte	التاريخ
Himmel	سماء
Höhe	ارتفاع
Konstruktion	بناء
Luft	هواء
Motor	محرك
Navigieren	التنقل
Passagier	راكب
Pilot	طيار
Propeller	مراوح
Turbulenz	اضطراب
Wasserstoff	هيدروجين
Wetter	طقس

Formen
الأشكال

Bogen	قوس
Dreieck	مثلث
Ecke	ركن
Hyperbel	القطع الزائد
Kanten	حواف
Kegel	مخروط
Kreis	دائرة
Kurve	منحنى
Linie	خط
Oval	البيضاوي
Polygon	مضلع
Prisma	موشور
Pyramide	هرم
Quadrat	مربع
Rechteck	مستطيل
Rund	مستدير
Seite	الجانب
Würfel	مكعب
Zylinder	اسطوانة

Freundlichkeit
اللطف

Aufmerksam	منتبه
Echt	أصلي
Ehrlich	صادق
Empfänglich	تقبل
Freundlich	ودي
Gastfreundlich	مضياف
Geduldig	صبور
Glücklich	سعيد
Grosszügig	كريم
Hilfreich	مفيد
Liebevoll	محب
Mitleidig	رحيم
Respektvoll	محترم
Sanft	لطيف
Tolerant	متسامح
Verständnis	فهم
Zuverlässig	موثوق بها

Garten
حديقة

Bank	مقعد
Baum	شجرة
Blume	زهرة
Boden	تربة
Busch	شوب
Garage	كراج
Garten	حديقة
Gras	عشب
Hängematte	أرجوحة
Obstgarten	بستان
Rechen	أشعل النار
Schaufel	مجرفة
Schlauch	خرطوم
Teich	بركة
Terrasse	مصطبة
Trampolin	الترامبولين
Unkraut	الأعشاب
Veranda	رواق
Zaun	سياج

Gebäude
المباني

Bauernhof	مزرعة
Botschaft	السفارة
Fabrik	مصنع
Garage	كراج
Herberge	نزل
Hotel	فندق
Kabine	المقصورة
Kino	سينما
Krankenhaus	مستشفى
Labor	مختبر
Museum	متحف
Observatorium	مرصد
Scheune	حظيرة
Schule	مدرسة
Stadion	ملعب
Supermarkt	سوبر ماركت
Theater	مسرح
Turm	برج
Universität	جامعة
Zelt	خيمة

Geburtstag
عيد ميلاد

Einladungen	الدعوات
Erinnerungen	ذكريات
Feier	احتفال
Freunde	اصحاب
Geboren	ولد
Geschenk	هدية
Glücklich	سعيد
Jahr	سنة
Jung	شاب
Kalender	تقويم
Karten	بطاقات
Kerzen	الشموع
Kuchen	كيك
Lernen	ليتعلم
Lied	أغنية
Spass	مرح
Spezial	خاص
Tag	يوم
Weisheit	حكمة
Zeit	الوقت

Gemüse
خضروات

Artischocke	خرشوف
Aubergine	باذنجان
Blumenkohl	قرنبيط
Brokkoli	بروكلي
Erbse	بازلاء
Gurke	خيار
Ingwer	زنجبيل
Karotte	جزر
Kartoffel	البطاطس
Knoblauch	ثوم
Kürbis	يقطين
Olive	زيتون
Petersilie	بقدونس
Pilz	فطر
Rübe	لفت
Salat	سلطة
Sellerie	كرفس
Spinat	سبانخ
Tomate	طماطم
Zwiebel	بصل

Geographie
الجغرافيا

Atlas	أطلس
Äquator	خط الاستواء
Berg	جبل
Breite	خط العرض
Fluss	نهر
Globus	كرة
Höhe	ارتفاع
Insel	جزيرة
Karte	خريطة
Kontinent	قارة
Land	بلد
Längengrad	خط الطول
Meer	بحر
Meridian	ميريديان
Norden	شمال
Ozean	محيط
Region	منطقة
Stadt	مدينة
Welt	العالمية
West	غرب

Geologie
جيولوجيا

Erdbeben	زلزال
Erosion	تآكل
Fossil	حفرية
Geschmolzen	مولتن
Geysir	سخان
Höhle	كهف
Kalzium	الكلسيوم
Kontinent	قارة
Koralle	المرجان
Lava	الحمم
Mineralien	المعادن
Plateau	هضبة
Quarz	مرو
Salz	ملح
Säure	حمض
Stalagmiten	الصواعد
Stein	حجر
Vulkan	بركان
Zone	منطقة
Zyklen	دورات

Gewürze
التوابل

Anis	اليانسون
Bitter	مر
Curry	كاري
Fenchel	الشمرة
Geschmack	نكهة
Ingwer	زنجبيل
Kardamom	حب الهال
Knoblauch	ثوم
Lakritze	عرق السوس
Muskatnuss	جوزة الطيب
Nelke	القرنفل
Paprika	فلفل أحمر
Pfeffer	فلفل
Safran	زعفران
Salz	ملح
Sauer	حامض
Süss	حلو
Vanille	فانيلا
Zimt	قرفة
Zwiebel	بصل

Haartypen

أنواع الشعر

Blond	أشقر
Braun	بني
Dick	سميك
Dünn	رقيق
Farbig	ملون
Geflochten	مضفر
Gesund	صحي
Grau	رمادي
Kahl	أصلع
Kurz	قصيرة
Lang	طويل
Locken	تجعيد الشعر
Lockig	مجعد
Schwarz	أسود
Silber	فضة
Trocken	جاف
Weich	ناعم
Weiss	أبيض
Wellig	متموج
Zöpfe	الضفائر

Haus

منزل

Besen	مكنسة
Bibliothek	مكتبة
Dach	سقف
Dachboden	علية
Dusche	دش
Fenster	نافذة
Garage	كراج
Garten	حديقة
Kamin	مدفأة
Küche	مطبخ
Lampe	مصباح
Möbel	أثاث
Schlafzimmer	غرفة نوم
Schlüssel	مفاتيح
Schornstein	مدخنة
Spiegel	مرآة
Tür	باب
Wand	حائط
Zaun	سياج
Zimmer	غرفة

Haustiere

الحيوانات الأليفة

Eidechse	سحلية
Essen	طعام
Fisch	سمك
Hase	أرنب
Hund	كلب
Katze	قط
Kätzchen	هريرة
Kragen	طوق
Krallen	مخالب
Kuh	بقرة
Leine	رباط
Maus	فأر
Papagei	ببغاء
Pfoten	الكفوف
Schildkröte	سلحفاة
Schwanz	ذيل
Tierarzt	طبيب بيطري
Wasser	ماء
Welpe	جرو
Ziege	ماعز

Insekten

الحشرات

Ameise	نملة
Biene	نحلة
Blattlaus	المن
Floh	برغوث
Gottesanbeterin	فرس النبي
Heuschrecke	جندب
Hornisse	الدبور
Kakerlake	صرصور
Käfer	خنفساء
Larve	يرقة
Libelle	اليعسوب
Marienkäfer	الخنفساء
Motte	عثة
Mücke	البعوض
Schmetterling	فراشة
Termite	أرضة
Wespe	دبور
Wurm	دودة
Zikade	الزيز

Katzen

القطط

Fell	فرو
Garn	غزل
Jäger	صياد
Komisch	مضحك
Liebevoll	حنون
Maus	فأر
Neugierig	فضولي
Persönlichkeit	شخصية
Pfote	مخلب
Schlafen	نوم
Schnell	بسرعة
Schüchtern	خجول
Schwanz	ذيل
Unabhängig	مستقل
Verrückt	مجنون
Verspielt	لعوب
Wenig	قليلا
Wild	بري

Kleidung

ملابس

Armband	سوار
Bluse	بلوزة
Gürtel	حزام
Halskette	قلادة
Handschuhe	قفازات
Hemd	قميص
Hose	سروال
Hut	قبعة
Jacke	السترة
Jeans	جينز
Kleid	فستان
Mantel	معطف
Mode	موضة
Pullover	سترة
Rock	تنورة
Schal	وشاح
Schlafanzug	لباس نوم
Schmuck	مجوهرات
Schuh	حذاء
Schürze	مئزر

Komödie
كوميديا

Applaus	تصفيق
Ausdrucksvoll	معبرة
Clowns	المهرجين
Fernsehen	تلفزيون
Genre	النوع
Humor	فكاهة
Improvisation	الارتجال
Klug	ذكي
Komisch	مضحك
Lachen	ضحك
Parodie	محاكاة ساخرة
Publikum	الجمهور
Schauspieler	الممثل
Schauspielerin	ممثلة
Spass	مرح
Theater	مسرح
Witze	النكات

Kräuterkunde
الأعشاب

Aromatisch	عطري
Basilikum	ريحان
Blume	زهرة
Dill	شبت
Estragon	الطرخون
Fenchel	الشمرة
Garten	حديقة
Geschmack	نكهة
Grün	أخضر
Knoblauch	ثوم
Kulinarisch	الطهي
Lavendel	خزامى
Majoran	مردقوش
Petersilie	بقدونس
Qualität	جودة
Rosmarin	إكليل الجبل
Safran	زعفران
Thymian	زعتر
Vorteilhaft	مفيد
Zutat	العنصر

Kunst
الفن

Ausdruck	التعبير
Ehrlich	صادق
Einfach	بسيط
Gegenstand	موضوع
Gemälde	لوحات
Inspiriert	ربما
Keramik	سيراميك
Komplex	مركب
Original	أصلي
Persönlich	شخصي
Poesie	شعر
Porträtieren	تصوير
Skulptur	النحت
Stimmung	مزاج
Surrealismus	السريالية
Symbol	رمز
Visuell	بصري
Zusammensetzung	تكوين

Kunst Liefert
لوازم الفن

Acryl	أكريليك
Bleistifte	أقلام الرصاص
Bürsten	فرش
Farben	الألوان
Holzkohle	فحم
Ideen	الأفكار
Kamera	كاميرا
Kreativität	إبداع
Leim	صمغ
Öl	نفط
Papier	ورق
Radiergummi	ممحاة
Staffelei	الحامل
Stuhl	كرسي
Tabelle	طاولة
Tinte	حبر
Ton	طين
Wasser	ماء

Küche
مطبخ

Essen	طعام
Essstäbchen	عيدان
Gabeln	الشوك
Gefrierschrank	مجمد
Gewürze	توابل
Grill	شواية
Kelle	مغرفة
Krug	إبريق
Kühlschrank	ثلاجة
Löffel	الملاعق
Messer	سكاكين
Ofen	فرن
Rezept	وصفة
Schürze	مئزر
Schüssel	وعاء
Schwamm	إسفنج
Serviette	منديل
Tassen	أكواب
Wasserkocher	غلاية

Landschaften
المناظر الطبيعية

Berg	جبل
Eisberg	جبل جليد
Fluss	نهر
Geysir	سخان
Gletscher	مثلجة
Golf	الخليج
Halbinsel	شبه جزيرة
Höhle	كهف
Hügel	تل
Insel	جزيرة
Meer	بحر
Oase	واحة
See	بحيرة
Strand	شاطئ
Sumpf	مستنقع
Tal	وادي
Tundra	تندرا
Vulkan	بركان
Wasserfall	شلال
Wüste	صحراء

Länder #2
البلدان #2

Albanien	ألبانيا
Äthiopien	أثيوبيا
Frankreich	فرنسا
Griechenland	اليونان
Haiti	هايتي
Irland	أيرلندا
Jamaika	جامايكا
Japan	اليابان
Kenia	كينيا
Laos	لاوس
Liberia	ليبيريا
Mexiko	المكسيك
Nepal	نيبال
Nigeria	نيجيريا
Pakistan	باكستان
Russland	روسيا
Sudan	السودان
Syrien	سوريا
Uganda	أوغندا
Ukraine	أوكرانيا

Literatur
الأدب

Analogie	القياس
Analyse	تحليل
Anekdote	حكاية
Autor	مؤلف
Beschreibung	وصف
Dialog	حوار
Erzähler	الراوي
Fiktion	خيال
Gedicht	قصيدة
Genre	النوع
Metapher	استعارة
Poetisch	شاعري
Reim	قافية
Rhythmus	إيقاع
Roman	رواية
Schlussfolgerun g	استنتاج
Stil	نمط
Thema	موضوع
Tragödie	مأساة
Vergleich	مقارنة

Mathematik
الرياضيات

Arithmetik	حساب
Bruchteil	جزء
Dezimal	عشري
Dreieck	مثلث
Durchmesser	قطر
Exponent	أس
Geometrie	هندسة
Gleichung	معادلة
Grad	درجات
Parallel	مواز
Polygon	مضلع
Quadrat	مربع
Rechteck	مستطيل
Senkrecht	عمودي
Summe	مجموع
Symmetrie	تناظر
Umfang	محيط
Volumen	الصوت
Winkel	زوايا
Zahlen	الأرقام

Meditation
التأمل

Annahme	قبول
Aufmerksamkeit	انتباه
Bewegung	حركة
Dankbarkeit	شكر
Freundlichkeit	اللطف
Frieden	سلام
Gedanken	أفكار
Geistig	عقلي
Glück	سعادة
Klarheit	وضوح
Lehre	تعاليم
Lernen	ليتعلم
Mitgefühl	عطف
Musik	موسيقى
Natur	طبيعة
Perspektive	المنظور
Ruhig	هدوء
Stille	الصمت
Verstand	عقل
Wach	مستيقظ

Meisterschaft
بطولة

Champion	بطل
Finalist	النهائي
Liga	الدوري
Mannschaft	فريق
Medaille	ميدالية
Meisterschaft	بطولة
Motivation	الدافع
Performance	الأداء
Richter	القاضي
Schweiss	عرق
Sieg	فوز
Spiele	ألعاب
Sport	رياضات
Strategie	إستراتيجية
Trainer	مدرب
Turnier	مسابقة

Menschlicher Körper
جسم الإنسان

Bein	رجل
Blut	دم
Ellbogen	كوع
Finger	إصبع
Gehirn	دماغ
Gesicht	وجه
Hals	رقبة
Hand	يد
Haut	جلد
Herz	قلب
Kiefer	فك
Kinn	ذقن
Knie	ركبة
Knöchel	كاحل
Kopf	رئيس
Mund	فم
Nase	أنف
Ohr	أذن
Schulter	كتف
Zunge	لسان

Messungen
القياسات

Breite	عرض
Byte	بايت
Dezimal	عشري
Gewicht	وزن
Grad	درجة
Gramm	غرام
Höhe	ارتفاع
Kilogramm	كيلوغرام
Kilometer	كيلومتر
Länge	الطول
Liter	لتر
Masse	كتلة
Meter	متر
Minute	دقيقة
Tiefe	عمق
Tonne	طن
Unze	أوقية
Volumen	الصوت
Zentimeter	سنتيمتر
Zoll	بوصة

Musikinstrumente
آلات موسيقية

Banjo	البانجو
Cello	التشيلو
Fagott	باسون
Flöte	ناي
Geige	كمان
Gitarre	قيثارة
Glockenspiel	الدقات
Gong	ناقوس
Harfe	جنك
Klarinette	مزمار
Klavier	بيانو
Mandoline	مندولين
Mundharmonika	هارمونيكا
Oboe	المزمار
Posaune	الترومبون
Saxophon	ساكسفون
Schlagzeug	قرع
Tamburin	دف صغير
Trommel	طبل
Trompete	بوق

Mythologie
الميثولوجيا

Blitz	برق
Donner	رعد
Eifersucht	الغيرة
Held	بطل
Heldin	بطلة
Himmel	السماء
Katastrophe	كارثة
Kreation	خلق
Kreatur	مخلوق
Krieger	محارب
Kultur	ثقافة
Labyrinth	متاهة
Legende	أسطورة
Magisch	سحري
Monster	مسخ
Rache	انتقام
Stärke	قوة
Sterblich	مميت
Unsterblichkeit	خلود
Verhalten	سلوك

Natur
الطبيعة

Arktis	القطب الشمالي
Berge	الجبال
Bienen	النحل
Dynamisch	متحرك
Erosion	تآكل
Fluss	نهر
Friedlich	سلمي
Gletscher	مثلجة
Heiligtum	ملاذ
Heiter	هادئ
Laub	أوراق الشجر
Lebenswichtig	حيوي
Nebel	ضباب
Schönheit	جمال
Schutz	مأوى
Tiere	الحيوانات
Tropisch	استوائي
Wald	غابة
Wild	بري
Wüste	صحراء

Obst
فاكهة

Ananas	أناناس
Apfel	تفاح
Aprikose	مشمش
Avocado	أفوكادو
Banane	موز
Beere	بيري
Birne	كمثرى
Brombeere	بلاك بيري
Grapefruit	الجريب فروت
Himbeere	توت العليق
Kirsche	كرز
Kiwi	كيوي
Kokosnuss	جوز الهند
Melone	شمام
Orange	برتقالي
Papaya	بابايا
Pfirsich	خوخ
Pflaume	برقوق
Traube	عنب
Zitrone	ليمون

Ozean
محيط

Aal	ثعبان
Algen	الطحالب
Auster	محار
Boot	قارب
Delfin	دولفين
Fisch	سمك
Garnele	جمبري
Gezeiten	المد والجزر
Hai	قرش
Koralle	المرجان
Krabbe	سرطان
Krake	أخطبوط
Qualle	قنديل البحر
Salz	ملح
Schildkröte	سلحفاة
Schwamm	إسفنج
Sturm	عاصفة
Thunfisch	تونة
Wal	حوت
Wellen	أمواج

Ökologie
علم البيئة

Art	الأنواع
Berge	الجبال
Dürre	جفاف
Fauna	الحيوانات
Flora	النباتية
Freiwillige	المتطوعون
Gemeinschaft	مجتمعات
Global	عالمي
Klima	مناخ
Lebensraum	الموئل
Marine	البحرية
Nachhaltig	مستدام
Natur	طبيعة
Natürlich	طبيعي
Pflanzen	نباتات
Ressourcen	الموارد
Sumpf	اهوار
Überleben	نجاة
Vegetation	نبت
Vielfalt	تنوع

Pflanzen
النباتات

Bambus	بامبو
Baum	شجرة
Beere	بيري
Blatt	ورقة
Blume	زهرة
Blütenblatt	البتلة
Bohne	فاصوليا
Botanik	علم النبات
Busch	بوش
Dünger	سماد
Efeu	لبلاب
Flora	النباتية
Garten	حديقة
Kaktus	صبار
Kraut	عشب
Laub	أوراق الشجر
Moos	طحلب
Vegetation	نبت
Wald	غابة
Wurzel	جذر

Piraten
قراصنة

Abenteuer	مغامرة
Anker	مرساة
Crew	طاقم
Flagge	علم
Gefahr	خطر
Gold	ذهب
Höhle	كهف
Insel	جزيرة
Kapitän	كابتن
Karte	خريطة
Kompass	بوصلة
Legende	أسطورة
Münzen	عملات معدنية
Narbe	ندبة
Papagei	ببغاء
Rum	رم
Schatz	كنز
Schlecht	سيء
Schwert	سيف
Strand	شاطئ

Regenwald
الغابات المطيرة

Amphibien	البرمائيات
Art	الأنواع
Botanisch	نباتي
Dschungel	الغابة
Einheimisch	أصلي
Gemeinschaft	ملة
Insekten	الحشرات
Klima	مناخ
Moos	طحلب
Natur	طبيعة
Respekt	احترام
Säugetiere	الثدييات
Überleben	نجاة
Vielfalt	تنوع
Vögel	الطيور
Wertvoll	ذو قيمة
Wolken	سحاب
Zuflucht	ملجأ

Restaurant #1
مطعم #1

Allergie	حساسية
Brot	خبز
Dessert	حلوى
Essen	طعام
Fleisch	لحم
Huhn	دجاج
Kaffee	قهوة
Kassierer	صراف
Kellnerin	نادلة
Küche	مطبخ
Menü	قائمة
Messer	سكين
Reservierung	حجز
Schüssel	وعاء
Serviette	منديل
Sosse	صلصة
Teller	طبق
Würzig	حار

Restaurant #2
مطعم رقم 2

Abendessen	عشاء
Eier	بيض
Eis	جليد
Fisch	سمك
Frucht	فاكهة
Gabel	شوكة
Gemüse	خضروات
Getränk	مشروب
Gewürze	توابل
Kellner	النادل
Köstlich	لذيذ
Kuchen	كيك
Löffel	ملعقة
Mittagessen	غداء
Nudeln	المعكرونة
Salat	سلطة
Salz	ملح
Stuhl	كرسي
Suppe	حساء
Wasser	ماء

Säugetiere
الثدييات

Affe	قرد
Bär	يتحمل
Biber	سمور
Elefant	الفيل
Fuchs	فوكس
Giraffe	زرافة
Gorilla	غوريلا
Hund	كلب
Känguru	كنغر
Kojote	ذئب البراري
Löwe	أسد
Panther	النمر
Pferd	حصان
Ratte	جرذ
Schaf	خروف
Stier	ثور
Tiger	نمر
Wal	حوت
Wolf	ذئب
Zebra	حمار وحشي

Schach
شطرنج

Champion	بطل
Diagonal	قطري
Gegner	الخصم
Klug	ذكي
König	ملك
Königin	ملكة
Lernen	ليتعلم
Opfer	تضحية
Passiv	مبني للمجهول
Punkte	النقاط
Regeln	قواعد
Schwarz	أسود
Spiel	لعبه
Spieler	لاعب
Strategie	إستراتيجية
Turnier	مسابقة
Weiss	أبيض
Wettbewerb	منافسة
Zeit	الوقت

Schlösser
القلاع

Drache	تنين
Dynastie	سلالة
Edel	النبيل
Feudal	إقطاعي
Graben	خندق
Katapult	المنجنيق
Kerker	زنزانة
Königreich	المملكة
Krone	تاج
Palast	قصر
Pferd	حصان
Prinz	أمير
Prinzessin	أميرة
Reich	إمبراطورية
Ritter	فارس
Rüstung	درع
Schwert	سيف
Turm	برج
Wand	حائط

Schokolade
شوكولاتة

Antioxidans	مضاد للأكسدة
Bitter	مر
Essen	لتناول الطعام
Exotisch	غريب
Favorit	مفضل
Geschmack	نكهة
Handwerklich	الحرفي
Kakao	الكاكاو
Karamell	كراميل
Kokosnuss	جوز الهند
Köstlich	لذيذ
Pulver	مسحوق
Qualität	جودة
Rezept	وصفة
Süss	حلو
Zucker	السكر
Zutat	العنصر

Schule #1
المدرسة #1

Alphabet	الأبجدية
Antworten	الأجوبة
Bibliothek	مكتبة
Bleistift	قلم
Bücher	الكتب
Freunde	اصحاب
Klassenzimmer	صف
Lehrer	مدرس
Lernen	ليتعلم
Mathematik	الرياضيات
Mittagessen	غداء
Ordner	المجلدات
Papier	ورق
Prüfungen	الامتحانات
Quiz	لغز
Schreibtisch	مكتب
Spass	مرح
Stifte	أقلام
Stuhl	كرسي
Zahlen	الأرقام

Schule #2
المدرسة #2

Bibliothek	مكتبة
Bildung	تعليم
Bleistift	قلم
Bus	حافلة
Bücher	الكتب
Computer	الحاسوب
Grammatik	قواعد
Kalender	تقويم
Lehrer	مدرس
Lernen	التعلم
Lesen	قراءة
Literatur	أدب
Papier	ورق
Radiergummi	ممحاة
Rucksack	حقيبة ظهر
Schere	مقص
Spiele	ألعاب
Stifte	أقلام
Wissenschaft	علم
Wörterbuch	قاموس

Science Fiction
الخيال العلمي

Bücher	الكتب
Chemikalien	مواد كيميائية
Explosion	انفجار
Extrem	متطرف
Fantastisch	رائع
Fern	بعيد
Feuer	نار
Futuristisch	مستقبلية
Geheimnisvoll	غامض
Illusion	وهم
Imaginär	وهمي
Kino	سينما
Orakel	وحي
Planet	كوكب
Realistisch	واقعي
Roboter	الروبوتات
Szenario	السيناريو
Technologie	تقنية
Utopie	يوتوبيا
Welt	العالمية

Sommer
الصيف

Bücher	الكتب
Camping	تخييم
Entspannung	استرخاء
Erinnerungen	ذكريات
Essen	طعام
Familie	أسرة
Freizeit	الترفيه
Freude	مرح
Freunde	اصحاب
Garten	حديقة
Meer	بحر
Musik	موسيقى
Reise	السفر
Sandalen	صنادل
Schwimmen	للسباحة
Spiele	ألعاب
Sterne	النجوم
Strand	شاطئ
Tauchen	الغوص
Urlaub	عطلة

Spielzeuge
ألعاب

Auto	سيارة
Ball	كرة
Boot	قارب
Bücher	الكتب
Drachen	طائرة ورقية
Fahrrad	دراجة
Favorit	مفضل
Flugzeug	طائرة
Kunsthandwerk	الحرف
Lkw	شاحنة
Phantasie	خيال
Puppe	دمية
Puzzle	لغز
Roboter	روبوت
Schach	شطرنج
Schlagzeug	الطبول
Spiele	ألعاب
Ton	طين
Zug	قطار

Sport
الرياضة

Athlet	رياضي
Baseball	بيسبول
Basketball	كرة السلة
Bewegung	حركة
Eishockey	هوكي
Fahrrad	دراجة
Gewinner	الفائز
Golf	جولف
Gymnastik	رياضة بدنية
Mannschaft	فريق
Meisterschaft	بطولة
Schiedsrichter	حكم
Schwimmen	للسباحة
Spiel	لعبه
Spieler	لاعب
Stadion	ملعب
Tennis	تنس
Trainer	مدرب

Stadt
مدينة

Apotheke	صيدلية
Bank	بنك
Bäckerei	مخبز
Bibliothek	مكتبة
Blumenhändler	منسق زهور
Flughafen	مطار
Galerie	معرض
Hotel	فندق
Kino	سينما
Klinik	عيادة
Markt	سوق
Museum	متحف
Restaurant	مطعم
Salon	صالون
Schule	مدرسة
Stadion	ملعب
Supermarkt	سوبر ماركت
Theater	مسرح
Universität	جامعة
Zoo	حديقة حيوان

Strand
شاطئ بحر

Blau	أزرق
Boot	قارب
Dock	رصيف
Handtuch	منشفة
Insel	جزيرة
Krabbe	سرطان
Küste	ساحل
Lagune	لاجون
Meer	بحر
Ozean	محيط
Regenschirm	مظلة
Sand	رمل
Sandalen	صنادل
Schwimmen	للسباحة
Segelboot	مركب شراعي
Sonne	شمس
Urlaub	عطلة

Surfen
ركوب الأمواج

Anfänger	مبتدئ
Athlet	رياضي
Beliebt	شعبي
Champion	بطل
Extrem	متطرف
Geschwindigkeit	سرعة
Magen	المعدة
Mengen	الحشود
Ozean	محيط
Paddel	مجداف
Schaum	رغوة
Schwimmen	للسباحة
Spass	مرح
Spray	رش
Stärke	قوة
Stil	نمط
Strand	شاطئ
Welle	موجة
Wetter	طقس

Tage und Monate
الأيام والأشهر

August	أغسطس
Dezember	ديسمبر
Dienstag	الثلاثاء
Donnerstag	الخميس
Februar	فبراير
Freitag	الجمعة
Jahr	سنة
Januar	يناير
Juli	يوليو
Juni	يونيو
Kalender	تقويم
Mittwoch	الأربعاء
Monat	شهر
Montag	الاثنين
November	نوفمبر
Oktober	أكتوبر
Samstag	السبت
September	سبتمبر
Sonntag	الأحد
Woche	أسبوع

Tanzen
الرقص

Akademie	الأكاديمية
Anmut	نعمة
Ausdrucksvoll	معبرة
Bewegung	حركة
Choreographie	الكوريغرافيا
Emotion	عاطفة
Freudig	مرح
Haltung	الموقف
Klassisch	كلاسيكي
Körper	جثة
Kultur	ثقافة
Kulturell	ثقافي
Kunst	فن
Musik	موسيقى
Partner	شريك
Probe	بروفة
Rhythmus	إيقاع
Springen	قفز
Traditionell	تقليدي
Visuell	بصري

Technologie
تقنية

Anzeige	عرض
Bildschirm	شاشة
Blog	مدونة
Browser	المتصفح
Bytes	بايت
Computer	الحاسوب
Cursor	المؤشر
Datei	ملف
Daten	البيانات
Digital	رقمي
Forschung	بحث
Internet	إنترنت
Kamera	كاميرا
Nachricht	رسالة
Schriftart	خط
Sicherheit	أمن
Software	برمجيات
Statistik	الإحصاء
Virtuell	افتراضية
Virus	فيروس

Tugenden #1
الفضائل #1

Bescheiden	متواضع
Charmant	ساحر
Effizient	فعالة
Entscheidend	حاسم
Geduldig	صبور
Grosszügig	كريم
Gut	حسن
Hilfreich	مفيد
Intelligent	ذكي
Komisch	مضحك
Künstlerisch	فني
Leidenschaftlich	عاطفي
Neugierig	فضولي
Praktisch	عملي
Sauber	نظيف
Unabhängig	مستقل
Weise	حكيم
Zuverlässig	موثوق بها

Urlaub #2
عطلة #2

Ausländer	أجنبي
Berge	الجبال
Camping	تخييم
Flughafen	مطار
Freizeit	الترفيه
Hotel	فندق
Insel	جزيرة
Karte	خريطة
Meer	بحر
Pass	جواز سفر
Reise	رحلة
Restaurant	مطعم
Strand	شاطئ
Taxi	تاكسي
Transport	النقل
Urlaub	عطلة
Visum	تأشيرة
Zelt	خيمة
Ziel	وجهة
Zug	قطار

Vögel

الطيور

Adler	نسر
Ei	بيضة
Ente	بطة
Eule	بومة
Flamingo	نحام
Gans	إوز
Huhn	دجاج
Krähe	غراب
Kuckuck	الوقواق
Möwe	نورس
Papagei	ببغاء
Pelikan	البجع
Pfau	الطاووس
Pinguin	البطريق
Rabe	الغراب
Reiher	هيرون
Schwan	بجعة
Spatz	عصفور
Storch	اللقلق
Taube	حمامة

Wandern

التنزه

Berg	جبل
Camping	تخييم
Gefahren	المخاطر
Gipfel	قمة
Karte	خريطة
Klima	مناخ
Klippe	جرف
Müde	متعب
Natur	طبيعة
Orientierung	اتجاه
Parks	الحدائق
Schwer	ثقيل
Sonne	شمس
Steine	الحجارة
Stiefel	أحذية
Tiere	الحيوانات
Vorbereitung	تحضير
Wasser	ماء
Wetter	طقس
Wild	بري

Wasser

الماء

Bewässerung	الري
Dampf	بخار
Dusche	دش
Eis	جليد
Feucht	رطب
Feuchtigkeit	رطوبة
Fluss	نهر
Flut	فيضان
Frost	صقيع
Geysir	سخان
Hurrikan	إعصار
Kanal	قناة
Ozean	محيط
Regen	مطر
Schnee	ثلج
See	بحيرة
Verdunstung	تبخر
Wellen	أمواج

Wetter

الطقس

Atmosphäre	الغلاف الجوي
Blitz	برق
Brise	نسيم
Donner	الرعد
Dürre	جفاف
Eis	جليد
Feucht	رطب
Himmel	سماء
Klima	مناخ
Nebel	الضباب
Polar	قطبي
Regenbogen	قوس قزح
Ruhig	هدوء
Sturm	عاصفة
Temperatur	درجة الحرارة
Tornado	إعصار
Trocken	جاف
Tropisch	استوائي
Wind	ريح
Wolke	سحابة

Wissenschaft

العلوم

Atom	ذرة
Daten	البيانات
Evolution	تطور
Experiment	تجربة
Fossil	حفرية
Hypothese	فرضية
Klima	مناخ
Labor	مختبر
Methode	طريقة
Mineralien	المعادن
Moleküle	جزيئات
Natur	طبيعة
Partikel	الجسيمات
Pflanzen	نباتات
Physik	الفيزياء
Schwerkraft	جاذبية
Tatsache	حقيقة
Wissenschaftler	عالم

Wissenschaftliche Disziplinen

التخصصات العلمية

Anatomie	تشريح
Archäologie	علم الآثار
Astronomie	علم الفلك
Biologie	بيولوجيا
Botanik	علم النبات
Chemie	كيمياء
Geologie	جيولوجيا
Immunologie	علم المناعة
Kinesiologie	علم الحركة
Linguistik	لسانيات
Mechanik	ميكانيك
Mineralogie	علم المعادن
Neurologie	علم الأعصاب
Ökologie	علم البيئة
Physik	الفيزياء
Physiologie	فيزيولوجيا
Psychologie	علم النفس
Robotik	الروبوتات
Soziologie	علم الاجتماع
Zoologie	علم الحيوان

Zahlen
أرقام

Acht	ثمانية
Achtzehn	ثمانية عشر
Dezimal	عشري
Drei	ثلاثة
Dreizehn	ثلاثة عشر
Fünf	خمسة
Fünfzehn	خمسة عشر
Neun	تسعة
Neunzehn	تسعة عشر
Null	صفر
Sechs	ستة
Sechzehn	ستة عشر
Sieben	سبعة
Siebzehn	سبعة عشر
Vier	أربعة
Vierzehn	أربعة عشر
Zehn	عشرة
Zwanzig	عشرون
Zwei	اثنان
Zwölf	اثنا عشر

Zeit
الوقت

Früh	مبكرا
Gestern	أمس
Heute	اليوم
Jahr	سنة
Jahrhundert	قرن
Jahrzehnt	العقد
Jährlich	سنوي
Jetzt	الآن
Kalender	تقويم
Minute	دقيقة
Mittag	وقت الظهيرة
Monat	شهر
Morgen	صباح
Nach	بعد
Nacht	الليل
Stunde	ساعة
Tag	يوم
Vor	قبل
Woche	أسبوع
Zukunft	مستقبل

Zirkus
سيرك

Affe	قرد
Akrobat	بهلوان
Clown	مهرج
Elefant	الفيل
Fahrkarte	تذكرة
Jongleur	المحتال
Kostüm	زي
Löwe	أسد
Magie	سحر
Musik	موسيقى
Parade	موكب
Spektakulär	مذهل
Tiere	الحيوانات
Tiger	نمر
Trick	حيلة
Unterhalten	ترفيه
Zauberer	ساحر
Zeigen	عرض
Zelt	خيمة
Zuschauer	المشاهد

Zu Füllen
للتعبئة

Becken	حوض
Box	علبة
Eimer	دلو
Fass	برميل
Flasche	زجاجة
Karton	كرتون
Kiste	قفص
Koffer	حقيبة سفر
Korb	سلة
Krug	جرة
Mappe	مجلد
Paket	حزمة
Rohr	أنبوب
Schiff	وعاء
Schublade	الدرج
Tablett	صينية
Tasche	جيب
Umschlag	مغلف
Vase	زهرية

Gratuliere

Sie haben es geschafft !!

Wir hoffen, dass euch dieses Buch genauso viel Spaß gemacht hat wie uns dessen Herstellung. Wir tun unser Bestes, um qualitativ hochwertige Spiele zu erfinden. Diese Rätsel sind auf eine clevere Art und Weise entworfen, damit sie aktiv lernen und daran Vergnügen finden.

Hat ihnen das Buch gefallen ?

Eine einfache Bitte

Unsere Bücher existieren dank der Rezensionen, die sie veröffentlichen. Können sie uns helfen indem sie jetzt eine Meinung hinterlassen ?

Hier ist ein kurzer Link, der Sie zu ihrer Bewertungsseite führt

 BestBooksActivity.com/Rezension50

MONSTER HERAUSFÖRDERUNGEN !

Herausförderung 1

Bereit für ihr Bonusspiel? Wir verwenden sie ständig, aber sie sind nicht einfach zu finden. Es sind die **Synonyme** !

Notieren sie 5 Wörter, die sie in den untenstehenden Rätseln (Nummer 21, 36 und 76) entdeckt haben und versuchen sie für jedes Wort 2 Synonyme zu finden .

Notieren sie 5 Wörter aus *Rätsel 21*

Wörter	Synonym 1	Synonym 2

Notieren sie 5 Wörter aus *Rätsel 36*

Wörter	Synonym 1	Synonym 2

Notieren sie 5 Wörter aus *Rätsel 76*

Wörter	Synonym 1	Synonym 2

Herausförderung 2

Jetzt, wo sie warm sind, notieren sie 5 Wörter, die sie in jedem der untenaufgeführten Rätseln entdeckt haben (Nummer 9, 17 und 25) und versuchen sie für jedes Wort 2 Antonyme zu finden. Wie viele davon können sie binnen 20 Minuten finden ?

Notieren sie 5 Wörter aus **Rätsel 9**

Wörter	Antonym 1	Antonym 2

Notieren sie 5 Wörter aus **Rätsel 17**

Wörter	Antonym 1	Antonym 2

Notieren sie 5 Wörter aus **Rätsel 25**

Wörter	Antonym 1	Antonym 2

Herausförderung 3

Wunderbar, diese Monster Herausförderung 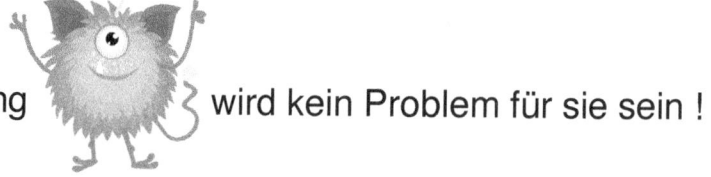 wird kein Problem für sie sein !

Bereit für die letzte Herausförderung? Wählen sie ihre 10 Lieblingswörter aus, die sie in einem Rätsel entdeckt haben und notieren sie sie unten.

1.	6.
2.	7.
3.	8.
4.	9.
5.	10.

Die Aufgabe besteht nun darin mit diesen Wörtern und in maximal sechs Sätzen einen Text herzustellen über eine Person, ein Tier oder ein Ort den sie lieben !

Tipp : sie können die letzten leeren Seiten dieses Buches als Entwurf verwenden

Ihr Schreiben :

NOTIZBUCH :

AUF BALDIGES WIEDERSEHEN !

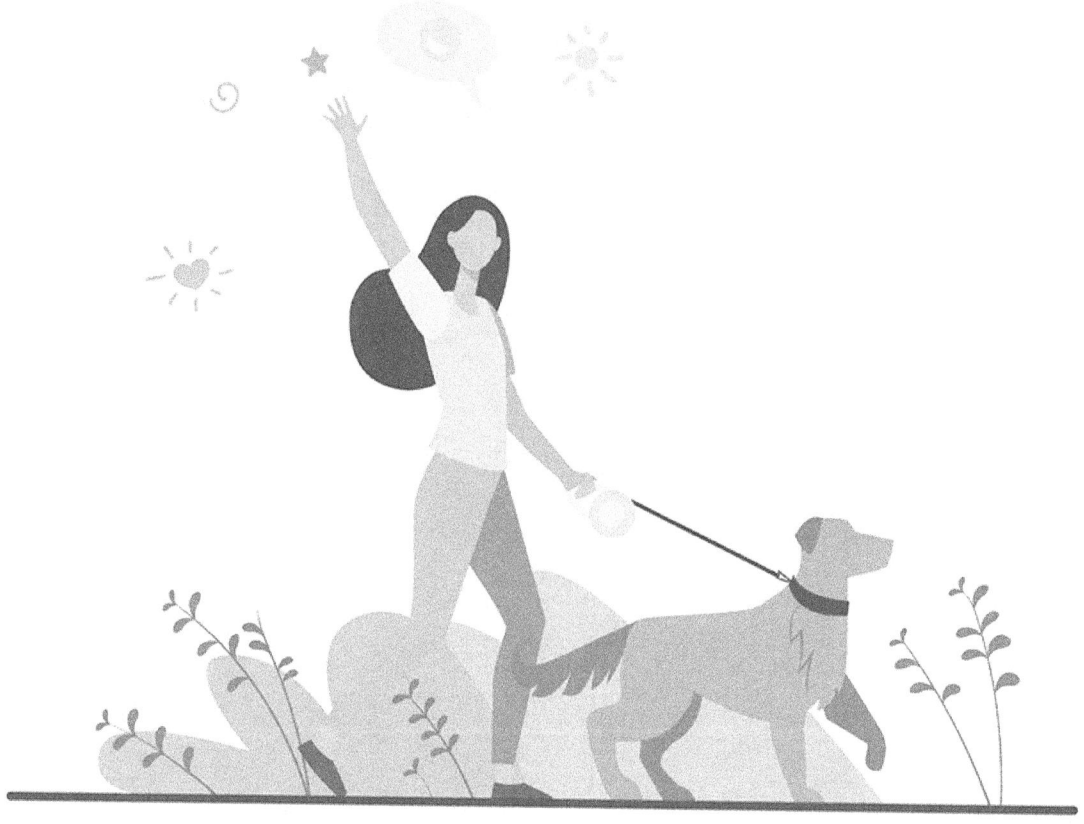

KOSTENLOSE SPIELE GENIESSEN

GO

BESTACTIVITYBOOKS.COM/FREEGAMES